O ciclista da madrugada
e outras crônicas

Arnaldo Bloch

O ciclista da madrugada
e outras crônicas

EDITORA RECORD
RIO DE JANEIRO • SÃO PAULO

2009

CIP-BRASIL. CATALOGAÇÃO-NA-FONTE
SINDICATO NACIONAL DOS EDITORES DE LIVROS, RJ

Bloch, Arnaldo
B611c   O ciclista da madrugada e outras crônicas / Arnaldo Bloch. –
Rio de Janeiro: Record, 2009.

ISBN 978-85-01-08902-1

1. Crônica brasileira. I. Título.

CDD: 869.98
09-5312   CDU: 821.134.3(81)-8

Copyright © Arnaldo Bloch, 2009

Capa e projeto gráfico: Cristina Flegner.
Imagem da capa (pastel e café sobre papel): Arnaldo Bloch

Direitos exclusivos desta edição reservados pela
EDITORA RECORD LTDA.
Rua Argentina 171, Rio de Janeiro, RJ – 20921-380 – Tel.: 2585-2000

Impresso no Brasil

ISBN 978-85-01-08902-1

PEDIDOS PELO REEMBOLSO POSTAL
Caixa Postal 23.052 – Rio de Janeiro, RJ – 20922-970

Para Sílvio, Suzy e Edmundo

Sumário

Nota e agradecimentos do autor **11**
Prefácio de Aldir Blanc **13**

Disque TPM para matar **17**
O porteiro lá de casa **21**
O homem que gritava com formigas **24**
Menos **27**
Cara na lama **29**

Visita ao purgatório **33**
BBB na veia **38**
Só olhando **41**

Nunca fui a Angra **47**
Orkut na reta **50**
O jogo do Juca **53**
A alma dançou **55**

Mãos de pai **61**
Ayahuasca **64**

Zoide '64 **71**
O judeu alvinegro **74**
A vida é bola **76**

En Bogotá 81
Planeta Central 84
A vida perdida de Alicia 88

O chato do cinema 93
O Anticabeça 97
X-Plainer 99

Luana Piovani no bar 103
Sujinho 105
Nosso tempo com Bussunda 110
O Ciclista da Madrugada 113

O professor Igor 119
Gripe Tribalista 122
Stones no botequim 126
Os Arnaldos 131

Pânico no Metrô 137
O anjo do farol 141
Esmola 144
Não há rosas (Ao "velhinho das flores") 146

Bar-Mitzvah chinês 151
Números 155
O último pudim do senador 158

As cinzas do capitão Quiabo 163
Brad Pitt pra Ivete ver 165
Alô, Lúcio Mauro 169

Fashion é nu **173**
Somos todos fundamentalistas **175**
Asas Ruivas (Rodian) **178**

Tropa de elite é fascista? **183**
Falotário **186**
Dani **188**

Tatoo **193**
O Leblon virou mar **197**
A Obra **201**

Nem todo trem vai para Auschwitz **207**
Vida e morte de Uri Uzer **211**
A casa na Usina (Felipe) **214**
Torpedos **218**

Nota e agradecimentos do autor

As crônicas aqui selecionadas, publicadas em *O Globo* entre os anos de 2001 e 2009, estão dispostas sem cronologia e sem datação, seguindo um critério bastante intuitivo de buscar uma cadência estilística e temática, à procura de um diálogo permanente entre elas.

Todas passaram por revisão do autor, sem jamais alterarem-se-lhes os sentidos e as ideias: o objetivo, ao contrário, foi ajustá-las ao formato do livro e enfatizar sua essência, somando, ao todo, um discreto olhar do tempo.

Quero agradecer ao Merval, ao Ali, ao Rodolfo, ao Mineiro e ao Xexéo pela aposta profissional, pelo carinho e paciência. À Infoglobo. A todos os leitores. Ao Serginho, meu editor, parceiro na conceituação deste livro. Ao Rodrigo, ao Dapieve, à Cora, ao Hugo, ao Urubu, ao Zé José, ao Henrique, ao Bernardo, ao Miguel, ao Lichote e a toda a galera da Panelinha. À Cris. À irmã, à avó, aos pais e ao cão. À Maria.

Prefácio

Chorinho De Jornal

Eu costumo comparar a crônica ao chorinho. Parecem simples e despojados, mas exigem grande rigor para que sua levada seja (quase) perfeita. Os dois gêneros artísticos, um musical, outro literário, se interpenetram. Ouso afirmar que mora uma crônica — mesmo que sem palavras — em cada chorinho, e que as crônicas sempre guardam um bandolim subliminar, um cavaquinho irônico, uma flauta plangente, suaves percussões que se confundem, para citar um cronista, com a sístole e a diástole do nosso coração. A boa crônica respira, suspira, sorri, verte a tal furtiva lágrima, canta — pianinho — a visita à casa da avó, mas bota a boca no trombone a cada novo escândalo político.

Crônica é música popular indo da voz intimista ao desafio com o dedo na cara. Leiam (cantem) em voz alta "Os dias lindos", de Carlos Drummond de Andrade; "Visão", de Rubem Braga; aquela da Elsie Lessa (que eu carregava na carteira, tomei um porre e perdi) sobre a máquina de escrever...

Arnaldo Bloch é o cronista que, além de ver o que nos escapa, descreve o que viu com leveza e sensibilidade. Nesse aspecto, é o que mais se parece com os cronistas clássicos do passado.

Numa época em que tudo é dissimulação, maquiagem, logro, embuste, castelos vazios celebrados por falsa linguagem, Arnaldo, em suas crônicas, nos fala com a voz terna e simples de um amigo confiável. Pensam que é fácil? Tentem. Nós somos bons de samba, futebol e, como o livro do Arnaldo comprova, de crônica.

Rio, 6 de outubro de 2009
Aldir Blanc

Disque TPM para matar

Aconteceu como uma enxurrada.

Primeiro foi Maria, que me xingou sem motivo. No dia seguinte, se desculpou:

— Foi a TPM.

Então, dei parabéns a Joana pelo seu aniversário. Ela bufou e deu as costas. Depois, encontrei-a por acaso. Ela sorriu, ruborizada:

— Foi a TPM.

Aí teve aquela discussão sobre cinema, quando Anita insultou todas as gerações da minha família e disse que eu era "um engano".

Eu só tinha dito, sem pensar, que Pierce Brosnan se parecia com Roger Moore. Mais tarde, recebi um e-mail.

"Fui ver *007*. Esquece tudo, você sabe o quanto eu o considero."

No pé, um P.s.:

"Foi a TPM."

E Gisela? Deu bolo no almoço. Quando procurei-a no celular, chorou esguichos.

— Pare de me torturar com essa coisa de horário! Seu monstro cartesiano!

Depois mandou orquídeas e cartão:

"A TPM está me matando."

Na sequência, topei com Melissa, que, antes de conversar, foi avisando:

— Cuidado, estou na TPM.

Então, dominado por uma vertigem, pronunciei a frase fatal:

— A TPM não existe.

Melissa gelou.

— Como é?

— Não existe. É mito. Mentira. Desculpa. Embuste histórico.

— Vou fingir que não ouvi.

— Pois ouça. Digo e repito: a TPM não existe.

— Ou seja, do alto de seu pedestal machista, você contraria a ciência, os hormônios, tudo, e inventa uma teoria: a TPM não existe.

— Não sei. Pode ser até que exista. Mas, se existe, seu nome tem sido usado em vão. Uma ferramenta de poder e de expiação de todas as culpas, desaforos, erros e compulsões.

Melissa veio com tudo:

— Pois você sabia que na Inglaterra TPM é álibi? E que nos Estados Unidos, se a mulher mata o marido e alega que estava na TPM, tem chance de pegar uma pena branda?

Disposto a ir até o fim, reagi:

— É mesmo? Que coisa extraordinária. Que revolução comportamental. Então me diz: e se for o contrário? Se o marido matar a mulher quando ela está na TPM? Vai contar como atenuante no tribunal??

Melissa partiu para cima de mim e, com um empurrão, jogou-me contra a parede. Defendi-me, agarrando seus braços. Ela se desvencilhou com uma unhada no meu pulso e saiu aos berros.

À noite, telefonou com voz de anjo:

— O que você disse foi absurdo, mas minha reação foi desproporcional. Você sabe, né?

— Sei o quê? Não sei de nada.

— Foi a TPM.

Desliguei e fui dormir. Naquela noite, sonhei que Alfred Hitchcock ressuscitava para dirigir o próximo 007, *Disque TPM para matar*. No papel de James Bond, eu era derrotado por uma feminista tcheca com TPM crônica, sepultando a saga do agente inglês. De quebra, eu era assassinado de verdade nos bastidores.

Acordei com o telefonema de Vera convidando para um passeio no shopping. Fomos à loja de sabonetes artesanais. Eram impressionantes as propriedades de certos aromas, descritas no mostruário.

Por exemplo, o Sabonete Refrescante Lua, à base de óleos essenciais de lavanda, palma rosa e menta, "emite um silêncio". Um outro "reestrutura a autoestima".

Mas a etiqueta do Sabonete Calmante Netuno era campeã: "A sinergia sintetizada à base de óleos de gerânio, lavanda e laranja é ideal para mulheres estressadas e com TPM, agindo com uso frequente como regulador e calmante."

Chamei Vera para ver.

— Olha, Vera, esse sabão vai salvar o mundo.

A piada não provocou ira. Ao contrário, Vera sorriu. A vendedora também achou graça. Nesse clima de tolerância, Vera abriu o jogo.

— É horrível. A gente sente raiva, tristeza, melancolia, desejo de morrer e vontade de quebrar tudo.

— Raiva, tristeza, melancolia, desejo de morrer e vontade de quebrar tudo? Bom, eu sou homem e sinto isso toda semana.

Aquela loja tinha poderes mágicos: Vera e a vendedora riam de minhas tiradas machistas. Elas confiavam em mim. A ponto de Vera confessar o inconfessável:

— Já usei a TPM como desculpa, mesmo fora do período. Se a pessoa não é íntima, fica mais fácil enganar. Acontece, também, de estar deprimida ou ansiosa por outras razões, e botar tudo na conta da TPM. É uma fuga à reflexão.

— Bacana você admitir isso, Vera.

Já entediada com a conversa, a vendedora resolveu pôr na mesa suas fichas:

— Então? Vão levar o Netuno?

Vera esnobou:

— Não preciso de sabonete. Hoje, há remédios e massagens que fazem milagres.

Saímos sem levar nada. Desde então, não ouvi mais falar de TPM. Minhas amigas passaram a atribuir seus problemas a outros motivos, da conjunção celeste a pulsões psicossomáticas; do estresse da rotina a uma noite maldormida; do fim de uma relação ao difícil começo de outra.

Será coincidência, ou, de repente, a TPM deixou mesmo de existir?

O porteiro lá de casa

Há dois porteiros no prédio. Um deles, Sebastião, ouve Villa-Lobos no radiogravador que herdou do pai. Sebastião também gosta de ler. Lê os livros de João Ubaldo. E vive mergulhado nos jornais, a ponto de, às vezes, não ouvir nem a buzina do carro.

A campainha da bicicleta ele ouve sempre. Deve lembrar os tempos do leiteiro trazendo a garrafa de vidro.

Como política de boa vizinhança (ele é zelador-chefe e mora no prédio), Sebastião, toda segunda-feira, comenta comigo as crônicas que escrevo nos sábados.

— Você tem um texto irônico — diz Sebastião, com a simpaticíssima risada de mineiro.

— Obrigado, Sebastião.

O outro porteiro, Wanderley, não ouve Villa-Lobos. Prefere ver TV: futebol, Jô, Sílvio, filmes de perseguição. Não lê quase jornal mas, semana passada, deu uma espiada na crônica, talvez por ordem de Sebastião, que é o chefe

O texto naquele sábado era dedicado à extinção dos sapos, rãs e até pererecas. Depois de ler, Wanderley comentou com o colega:

— Pra interpretar, só com dicionário.

Fiquei passadíssimo. Pedi detalhes a Sebastião. A implicância de Wanderley, segundo Sebá, era com as palavras "batráquio" e "congênere", embora eu tenha usado outros termos difíceis, como "eremita" e "sôfrego".

Também tenho uma implicância com Wanderley, apesar de ele ser uma ótima figura, boa-praça e competente. É que Wanderley tinha um fusquinha incrementado, com lanternas especiais e pintura preta metálica. Eu vivia de olho naquele fusquinha, sonhava ter um igual ou, quem sabe, até comprá-lo de Wanderley, se estivesse dando sopa.

Um dia, o fusca sumiu. Perguntei por onde andava. Se é que andava.

— Vendi.

Então era isso. "Sem me avisar", bufei. E nem poderia avisar: eu havia esquecido de dizer a ele que gostava do carro. Mesmo assim, restou uma bronca, revolta por ter dormido no ponto e perdido a parada do fusca.

Mas Wanderley me contou uma história tão triste sobre a venda do fusquinha, que eu o perdoei, e me perdoei. Tanto que, quando troquei o som do meu carro, dei a Wanderley os alto-falantes antigos, e ele ficou amarradão na minha atitude.

Agora, eu o perdoo mais uma vez até porque, de novo, o culpado sou eu, que cismei de escrever "batráquio" e "congênere" assim, na maior, achando que ia livrar a cara.

Wanderley pode até precisar de dicionário para ler o que escrevo, mas ele tem lá suas ciências. Foi Wanderley quem curou minha bicicleta de um problema crônico. Um problema de relincho.

É isso mesmo. Depois de oito quilômetros de passeio, a danada começava a relinchar, e não tinha jeito de parar. O pessoal na rua até me olhava estranho, "ih, olha o cara aí..."

Como é que uma bicicleta relincha? Sei lá. Devia estar cansada, coitada. Afinal, bicicleta, nossa irmã de minério, óleo e borracha, também é filha de Deus, gente como a gente, assim como os cronistas, os porteiros, os batráquios, os congêneres e os cavalos.

— Wanderley, minha bicicleta tá relinchando.

Ele não mostrou espanto. Pediu um momentinho e tirou da gaveta da portaria um tal de lubrificante em pó, à base de grafite. Despejou aquele pó brilhante num aro da bicicleta e, desde então, como se tivesse comido uma alfafa supervitaminada, ela nunca mais relinchou, está respirando que é uma maravilha, galopando feliz, ligadona, pelo calçadão.

Posso escrever difícil e ter bicicleta que relincha, mas sou um condômino de sorte, ter assim por perto gente como Sebastião e Wanderley. Essa crônica foi escrita em homenagem a eles. Escrita de um jeito que Wanderley não precisasse usar muito o dicionário e Sebastião — ouvinte de Villa-Lobos e leitor de Ubaldo — não ficasse frustrado. Não sei se consegui. Só sei que gostei. Tudo graças à sabedoria de Wanderley e de Sebastião.

O homem que gritava com formigas

O general reformado Zoubério Antuérpio sempre teve orgulho de sua trajetória. Nunca liderou tropas. Jamais matou um homem. Não gostava de matar. Nem baratas. Nem a fome. Nem as horas.

Fez o que pôde para evitar os excessos nos porões do regime. E aposentou-se, tendo sido agraciado com uma pequena festa regada a cascatas de camarão e medusas de ovos de codorna.

A bordo de seu Maverick laranja com listra preta (também reformado), sozinho e ao volante, o general Zoubério seguiu para sua casa, em Realengo. Dormiu o primeiro sono de aposentado ao cair da tarde, ouvindo o cantar dos galos vespertinos do subúrbio. Antes de se deitar, comeu pão com mel e bebeu mate. Ao estender o corpo, teve a noção segura de que escolhera o bom lado, honrara os ideais mais elevados do homem.

Mas ao despertar sentiu um vazio, uma fraqueza. Pensou, pensou, e ficou pensando o dia inteiro, sem sair da cama. Sentiu fome, mas como não gostava de matar nem fome, ficou ali. Só à meia-noite levantou-se para, enfim, fazer sua ceia de mel e pão. Mas ao chegar na cozinha, deu com a horda de formigas na bancada de mármore cru.

Na refeição do dia anterior, deixara um pouco de mel escorrer sobre a bancada e, agora, as formigas faziam a festa.

Festa, não. Aquilo era um desfile. Impressionante com que disciplina circundavam a mancha de mel, que, a seus olhos, assemelhava-se ao mapa do Brasil. As formigas chegavam pelo extremo sul da mancha de mel e aguardavam, formando grupamentos, sua vez de integrar a linha circundante.

Zoubério imaginou que, à frente deste contingente externo, alguém, um comandante, acompanhado por um estandarte, liderava a soldadesca.

Um líder. Isso ele jamais fora. Lutara pela justiça, evitara algum derramamento de sangue, mas, ao escolher a paz, abrigara-se confortavelmente à sombra do poder, deixando com seus pares o fardo sujo do dever e da culpa histórica.

O que, de fato, guiara seus passos? O bem ou o medo? Ao olhar as formigas, teve dúvidas. Desejava dizimá-las, cobri-las de detergente, massacrá-las com jornal, tacar-lhes álcool, tocar-lhes fogo, varrê-las da face de seu mármore suburbano e bom.

Teve uma ereção. O medo o invadiu. Medo do que sentia, medo de realizar aquele impulso assassino, tão verdadeiro, tão viril e — ponderava — tão legítimo.

Mas uma força contrária ganhava corpo, uma força que anulava aquele arroubo tão belo e tão terrível, e esta força levou-o a optar, finalmente, pela dissuasão.

Fechou o pulso, buscou todas as suas reservas (pois agora ele estava na reserva) e aplicou três murros em um espaço vazio da bancada, esperando com isso afugentar as invasoras.

Apenas uma, exatamente uma, pequenina e altiva, moveu-se de sua posição, afastou-se um pouco da tangente, como se fosse espiar o que era aquilo. Talvez fosse uma batedora da tropa. Depois, deu meia-volta, reassumiu o posto e continuou a comilança.

Então o general aproximou o rosto das linhas insetoides, concentrou-se nelas e, com a voz redonda, proclamou:

— ÔÔÔÔÔ-HÔ-HÔÔÔÔ...

Foi a mais espetacular retirada que ele já vira. Nem em cinema. Nem em filme de Kurosawa. A formigada saía, às centenas, desatinada, em todas as direções. O caos absoluto. A vitória inquestionável.

— Por que elas não fugiram à força do punho, mas o fizeram ao poder da voz?

Com esta questão em aberto, o general Zoubério Antuérpio, terminado o seu lanche, deitou-se de novo e morreu, reconciliado com a vida.

Menos

Duas expressões irritantes caíram no gosto dos modernos cheios de atitude: "Vamos combinar" e "menos". As novas falas excluem tudo que pareça desmedido, estranho ao senso comum do momento.

Reducionistas, são usadas por gente livre que lida mal com a liberdade. Podem ser anarquistas enrustidos, performáticos ponderados, loucos customizados.

Mas também vanguardistas formatados, pansexuais homofóbicos e anti-intelectuais engraçados.

Para livrarem-se de si mesmas, essas tribos unem-se em uma espécie de federação e, juntas, procuram no vizinho o excesso, o ridículo, o absurdo.

— Vamos combinar que isso não tem nada a ver. Vamos combinar que você é um mala. Vamos combinar, isso é papo cabeça. Vamos combinar. Vamos combinar.

Na verdade ninguém combinou nada, mas a maioria concordará e beberá sua champanhota sem aporrinhação.

Mas não há nada tão terrível quanto o "menos".

O "menos" aplica-se a tudo. Se Zezé contar um detalhe picante de uma história pessoal, Bebeto vai logo dizer:

— Menos, Zezé, menos...

Notem que Bebeto provavelmente é o cara mais fofoqueiro da paróquia, mas sua "atitude" tem alta aceitação.

Se Maria der uma gargalhada escandalosa, de opereta (porque essa é a gargalhada de Maria), Luiza, que é uma perua de dar dó mas tem atitude, vai intervir:

— Menos, Maria, menos — e Maria vai engolir a gargalhada e, na próxima, pensar duas vezes antes de rir.

Um dia, vai morrer de úlcera aguda.

Cara na lama

Cidade do Rock, 17 de janeiro de 1985. Rolava o lendário show do Yes sob chuva forte, a mais forte do Rock in Rio I, o império da lama, lama boa, gelada, mineral.

Para aquele show, o último da noite sob tempestade, só ficaram os aficionados como eu, para quem o rock progressivo de Jon Anderson & cia era quase uma religião (o segundo show, lotado, no dia 20, encerramento do festival, não teria uma gota desse encanto).

Pois bem, naquela noite chuvosa, no ápice de algum clássico como "Roundabout", olho para o lado em estado de graça, buscando a cumplicidade de meu primo.

E o que vejo? Um corpo que cai inerte na lama, de cara. Um carimbo humano. Meu primo...

Desde a infância, D. era dado a rápidos desmaios — raros, uma vez por ano se tanto, problemas de arritmia e de asma.

Tomado por fortes emoções e cheio de cerveja, em meio àquele fumacê molhado, D. cismou de ter o desmaio regulamentar de 1985 justamente no dia do show do Yes!

O movimento do corpo de D. me fascinou tanto, que demorei para acudi-lo (ficasse muito tempo na horizontal da lama, ele logo partiria para a vertical da alma): a queda foi perfeita, sem meias-curvas, sem requebros, como o ponteiro de um relógio que fosse de 0h a 3h em um segundo.

De repente, como num filme de trás para frente, D. levantou-se, esbaforido, limpou o rosto com o antebraço, disfarçou e, para encerrar o episódio, aplaudiu a performance.

Passados 16 anos... No ano de 2001, voltei à Cidade do Rock, precisamente no domingo, 14 de janeiro.

No intervalo entre Ira! e Papa Roach, avisto o topete e as suíças de Glauber, amigo de faculdade, que, em 1985, assistira a meu lado ao show do Yes e presenciara o incrível desmaio.

Amigos de Glauber juntam-se a nós e, papo vai, papo vem, uma ninfeta desanda a contar:

— Gente, acabei de ver uma cena incrível. O carinha tava tão chapado que caiu de cara na grama. Assim, o corpo reto, tipo exercício de teatro, da vertical para a horizontal, manja? Show! Bizarro! Aquilo foi tudo! Tudo!

Eu e Glauber nos olhamos, assombrados.

E nos dissemos, quase telepaticamente.

"Será que era o primo D.?"

Visita ao purgatório

Certa segunda-feira. Embico de mau jeito por um daqueles retornos impossíveis da avenida Presidente Vargas e, quando dou por mim, estou capotando. Para quem já pegou jacaré no Posto Cinco em dia de mar forte, é parecido com a sensação de ser colhido por uma daquelas ondas "caixote", impiedosas, de Copacabana. A diferença é que, na capotagem, a porrada de água e a espuma são substituídas por puro metal.

Consciente, constato que não fui atingido com gravidade e o sangue que chove no tapete e escorre na janela é de meu amigo Heitor, que não usou o cinto e, por isso, levou a pior: uma pancada na testa e um corte na orelha.

Incapaz de abrir a porta do carro revirado, espio pelo vidro da janela e a primeira coisa que vejo é uma câmera de TV. Como é que ela foi surgir assim, do nada, segundos após o crash?

Percebo que o objetivo do cinegrafista não é me salvar: sua óbvia preocupação é não perder detalhe algum, não deixar passar uma tripa expelida, um olho escorrido, um membro amputado.

Os bombeiros chegam em seguida, e o atendimento é feito com alta perícia. O câmera grava cada movimento do resgate e o percurso das macas até a ambulância.

Reflito: se aquele tivesse sido meu dia, morreria diante das lentes como um porco, aos berros, sem privacidade ou compaixão.

O desembarque na triagem do Hospital Municipal Souza Aguiar é um esculacho.

— Ô, camarada, da próxima vez que tu for nascer vê se vem ao mundo mais levinho! — reclama o maqueiro ao sentir o peso do pobre Heitor, cuja ferida mal estancou. Do meu peso não reclamam, talvez pela dificuldade do maqueiro de dizer qualquer coisa na iminência de uma hérnia.

Preocupado com outra iminência — logo, as imagens do câmera iriam parar na TV de minha mãe — aciono meu celular enquanto espero os raios X, mas sou superado pelos fatos: o noticiário local acabara de transmitir o resgate, e todos querem saber do babado.

De acordo com a diligente reportagem, em uma segunda-feira com acidentes espalhados pela cidade "o jornalista Arnaldo Bloch [nisso, aparece a imagem do Heitor, a cabeça sanguinolenta e curiosa para fora dos estilhaços, como um muppet ferido] e seu irmão [na tela, minha imagem sendo resgatado] capotaram na avenida Presidente Vargas após colidirem contra outro carro etc. etc."

Incrível: o Heitor (jamais identificado) era eu; e eu era... meu próprio irmão! (o detalhe é que não tenho irmão, só irmã).

Mas isso é o de menos: o importante, agora, é que finalmente chegamos à porta dos raios X. Curioso: em momento algum me permitiram mover um dedinho por medida de segurança, no entanto, no centro radiológico a atendente pede que eu passe da maca para a superfície de chapas sozinho, contorcendo o corpo. Ou seja, para quebrar uma espinha ilesa mas instável, essa é a melhor oportunidade. Depois, é só radiografar a lambança...

Felizmente não há nada de errado com meus ossos ou os de Heitor, mas ele tem sorte no quesito tempo: a porrada na testa o leva à sala de suturas e, de lá, para casa. Tremenda irresponsabilidade.

Eu, que não tenho o que suturar, sou enviado à famosa Sala Amarela — estágio intermediário da emergência em que os acidentados ficam em observação até serem avaliados pelo ortopedista e pelo neurologista.

Quem tiver um troço ali vai direto para a cirurgia ou o IML, que é até mais prático.

A Sala Amarela é entupida de gente ferida que, em macas ou cadeiras, geme e sofre nas piores condições possíveis de instalação e de higiene diante de seus parentes, que ficam de pé.

Apesar disso, não há qualquer sinal de neurologista ou ortopedista. Tem nego babando, em convulsões; tem velhinho de lábio rasgado sem sutura; tem rapaz em estado pré-cirúrgico com dores lancinantes.

Tem gente que está ali desde a manhã, proibida de comer, pois, antes de passar pela avaliação, não pode se servir nem de um pitaco dos biscoitos e pudins que passam nos carrinhos a toda hora.

Onde estão os médicos? Os enfermeiros dizem que estão em cirurgia. Até que horas? Impossível saber. Únicos responsáveis por aquele vale de suplícios, o neurologista e o ortopedista passam o dia operando!

Por mim, tudo maomeno: só estou com fome e dor muscular. Mas... e o ancião a meu lado? E o jovem que urra de dor? E o mendigo que verte bile ou sei lá o quê?

Às 21:00 vem a troca de plantão. O ortopedista aparece e me libera. A neurologista só dá as caras às 22:00, de péssimo humor. Sequer me olha nos olhos. Senta-se de costas e vai preenchendo o formulário. Ordena que eu fique de pé, mas não dá bola. Reclamo de dor de cabeça. Ela pergunta se tomei remédio.

— Estava aguardando a senhora.

— Neurologista para tomar uma pílula?

— Ora, se me haviam proibido de comer...

— Tem condições de voltar para casa?

— Não é a senhora quem deve me dizer?

— Eu tenho uma certa experiência. Quer me ensinar a fazer exame?

— Eu diria que falta à senhora humanidade. Que nunca vi uma neurologista não olhar os olhos. E vou embora, pois, se esperei seis horas para isso, tanto faz sua assinatura.

— Ei! Espera aí!

E saí, deixando ali a ficha, as radiografias e toda aquela gente perplexa e abandonada.

Na saída, meu pai ligou, orgulhoso:

— Toda a cidade está telefonando para cá!

Só então, com a alegria de meu pai pela repercussão da reportagem (e ainda sob o impacto da dantesca neurologista), volto à vida e perdoo o cinegrafista que queria filmar a minha morte: como diria o outro, ele só estava cumprindo ordens. *That's entertainment!*

BBB na veia

O celular tocou às 22:46. Na tela, o torpedo: "Rede Globo e Operadora agradecem seu voto, R$0,31 e imp/ms. Divirta-se no Galera BBB."

Só então me dei conta: minutos antes, discara os dígitos 8401, código para eliminar alguém no paredão daquela noite.

— Não! — urrei, socando as orelhas.

Desliguei a televisão sem aguardar o resultado, apaguei as luzes e me escondi debaixo das cobertas, para esquecer quem eu era.

Voltara, horas mais cedo, para casa, depois de 15 dias internado no apartamento de meus pais, recuperando-me de uma cirurgia. Imobilizado por uma peluda tipoia azul, não tinha domínio sobre os acontecimentos nem sobre o controle remoto.

Foi assim que, após uma década, quebrei o juramento: jamais assistir ao *Big Brother Brasil*.

Ano a ano, tinha notícias, por meio de sociólogos, psicanalistas e intelectuais, que, naquela casa, a alma nacional se revelava por intermédio das escolhas do público. Mas mantinha-me fiel aos princípios: não sendo nem dramaturgia nem realidade nem jogo, a Ilha do Boninho fora erguida num limbo estéril pós-moderno. Não assisto.

Soube, também, nesses anos de alienação, que o poeta, repórter, escritor, redator e apresentador Pedro Bial, a quem admiro, confessara que o "BBB" havia mudado sua vida. Administrar a casa mais famosa do país era, para ele, um Caminho de Santiago. Só que, em vez de sentar e chorar, o Bial se alevantou e sorriu, livre, para um Brasil de audiência.

Por isso me espantei quando, em uma de minhas primeiras espiadas no *BBB*, Bial ensinava, à turma lá de dentro, o significado da palavra "ourives".

De olhos esbugalhados, as mulheres e homens da casa sussurravam, em coro, abobados, como se diante de uma revelação:

— Oh! Ourives!

"Era isso, então?", refleti. "Essa é a vanguarda sociológica da televisão brasileira?"

Sem opção além de voltar ao hospital implorando que me cortassem os pulsos, insisti em explorar a casa, a começar pela meia dúzia de popozudas. Mas, talvez por efeito dos geniais opiáceos e opioides que o doutor prescreveu, tinha dificuldades em diferenciá-las umas das outras.

Havia sutis variações entre as bundas e as cores de cabelo, mas as expressões e personalidades eram todas iguais, de infinita platitude, bem como as palavras que elas ouviam da meia dúzia de barbados.

Algo, no entanto, mexeu-se na calça, coisa que não acontecia desde a operação no ombro.

Nesses dias em que fiquei acamado, minha irmã contou que no *BBB* americano misturam prostituta com caminhoneiro, psicanalista com avô traumatizado, irmãs que não se conhecem com judeu ortodoxo, advogado com anão.

Era isso que eu esperava de um programa sobre faunas humanas que se digladiam por dinheiro confinadas em uma casa! Cadê o gordo? Cadê a balofa? Cadê a magra bulímica? Cadê o nerd feioso? Cadê o cientista louco? Cadê o pai pirado?

Artur Xexéo, aqui na redação, diz que estou equivocado: esse foi o ano mais plural do *BBB*, o programa tem evoluído muito e está chegando à maturidade e a culpa é do público, que eliminou um peão boiadeiro.

Ok. Quem sabe até o ano que vem eu fique maduro o bastante para assistir ao *BBB* sem precisar, antes, ou depois, entrar na faca e cair no ópio...

Só olhando

Cheguei há pouco ao jornal. Chove muito e venta. Dos janelões com película púrpura vem o retrato de fim de mundo em cores soturnas, refratadas pelo vidro. Num rufar sem compasso, explosões elétricas fazem o piso vibrar, mas não são ouvidas, pois o coral desencontrado de vozes e o pipocar caótico dos teclados na redação emudecem, em contraponto, os sons da tempestade que se vê e se sente.

Quando ainda estava no Aterro, dentro do carro, as nuvens de chumbo que se haviam insinuado em Copacabana já dominavam o céu, e a paisagem olímpica da Baía de Guanabara ganhava um tom sombrio, mas plácido: barrado pelo relevo, o vento não chegava, as águas paravam e o cartão-postal resistia, como um quadro na parede do mundo revolto.

Só ao descer a rampa do elevado, antes da Candelária, foi que enxerguei, na cadeia montanhosa ao longe, a sequência de raios, demorados, firmes, traços perfeitos, ângulos agudos dentados, como numa foto de enciclopédia. Aguardei o estrondo, mas nada ouvi. Cadê o trovão?

Do lado esquerdo da avenida aparecia a fachada frontal do museu, coberta por um pano que anunciava a Mostra Africana. Na fachada lateral em reformas, coberta por uma tela verde, os operários subiam e desciam por cordas. O que eles fariam quando a chuva começasse?

Parei no sinal diante da Candelária, onde a rapaziada oferecia chocolate, fones de ouvido, carregadores de celular, lenços de papel. Na janela com vidro fechado o sujeito insistia. Eu não ouvia o que ele dizia. Mas podia estar dizendo que aqui na Candelária não se ouvem trovões, aliás, desde a chacina não se escuta nada, nem as vozes dos vendedores na janela do carro, nem a voz de Deus.

"A Candelária é o mata-borrão de todos os sons. Daqui não se ouve nada", dizia, em meu delírio, o vendedor atrás do vidro. Daqui só se vê: a descarga elétrica, silenciosa, deus da morte anunciando presença na forma de raio mudo, e eu ali, só olhando, como criança, sem ter o que dizer por não haver palavras, sem ter o que ouvir, por ter os ouvidos tapados pelo espanto do mundo.

O sinal abriu e a avenida Presidente Vargas apareceu escura, três horas mais escura do que a média do horário. Daquele ângulo desaparecia o horizonte montanhoso e ficava só a perspectiva dos prédios — a Quinta Avenida de submundo expelindo maresia.

E quando a Central do Brasil se apresentou, a massa humana correndo para os abrigos lembrava uma revoada de pássaros que, na floresta, farfalha antes de calar-se inerte enquanto o mundo desaba. Dali a pouco todos conversariam baixinho sob marquises e árvores, dentro das padarias e pés-sujos, nos bancos das estações, nos trens e nos ônibus.

No para-brisa, caiu enfim a primeira gota. Só a primeira. A segunda aguardaria momento propício. Tomei o balão que me levaria ao viaduto. Dali enxerguei, no sentido inverso, a avenida Presidente Vargas, e fiquei surpreso com o aspecto ainda límpido do horizonte (a Zona Sul continuava clara).

A segunda gota, seguida de todas as outras, deslizou no vidro a poucos metros do prédio do jornal, quando o carro se aproximava, em curva, do estacionamento e um grupo de estudantes secundaristas de escola pública passava correndo.

De repente, um menino que fugia da chuva olhando para o outro lado topou com a janela do carro que mal parara diante da garagem. Ouvi o baque, quase um trovão, e olhei assustado. O menino, estampado na janela, não se ferira. E aquilo não era um assalto. A última coisa que vi foi o sorriso do garoto, se afastando, e os sorrisos dos colegas, caçoando dele, na chuva. E fiquei ali. Só olhando.

Nunca fui a Angra

Nas rodas chiques da noite carioca desse início de milênio só se fala em Angra dos Reis. Pessoas de todas as idades, atividades e identidades foram a Angra no último fim de semana; vão a Angra no próximo; planejam o carnaval em Angra; têm casa em Angra; cunhado em Angra.

Ninguém vai ao cinema, a Búzios, ao banheiro, a Teresópolis, a Ipanema, à Bahia, ao Maracanã, ao inferno.

Todos vão a Angra.

É tanta Angra pra cá e pra lá, que, de repente, caiu a ficha: nunca fui a Angra.

Logo eu, que fui à China quando todos se vestiam de azul e branco e só havia bicicletas.

Colhi melões num Kibutz.

Meti-me nos cafundós da Ucrânia.

Vi Lisboa sob o sol de agosto, e foi a coisa mais bela que vi.

Vivi em Paris. Chorei com o Mar do Norte. Nadei na Riviera.

Vivi em Sampa e conheci Morro de São Paulo quando a ilha de Tinharé ainda era virgem.

Curti Trancoso antes de Elba. Explorei Itacaré antes do asfalto.

Mas, pobre de mim, a Angra nunca fui.

Pura cisma. Cismei com as usinas atômicas. Com os estaleiros. Com a coisa de ir de barco para cá e para lá. Bom chegar em uma cidade praiana e pisar logo na areia, sem rampas, deques, pedras, óleo, motor.

Cismei com os mortos de helicóptero. Cismei com a Ilha de Caras, frequentada por todos os matizes, da inteligência primitiva de Susana Werner à usina cerebral de Gerald Thomas.

Agora há também a Ilha de Chivas. Ilha de Chivas é a última fronteira.

Começo a me orgulhar de nunca ter ido a Angra. E daí? Vai encarar?

*

Fui, é verdade, a Itacuruçá, uma Angra mais pobre, também na Costa Verde. Como só havia paulistas no *resort*, eu, Flavia e o boxer Bochecha, únicos cariocas, juntamo-nos ao passeio deles por uma trilha até a praia mais próxima. Chegando lá, os paulistas, que se conheciam todos, se organizaram para uma estranha brincadeira: cinco iam para a água e, no raso, faziam um círculo humano, espécie de alvo, onde os outros mergulhavam um a um, de barriga, e eram aplaudidos protocolarmente, sem muitos sorrisos.

Desconfiados, sentamo-nos a uma certa distância e ficamos assistindo, incrédulos. A nosso lado, Bochecha, calmo mas atento, aguardava sua vez. Quando, por distração, relaxamos a coleira, Bochecha se soltou, galopou como um dínamo, furou a fila e mergulhou com um salto perfeito, que destoou das barrigadas paulistas.

Imediatamente, a roda e a fila se desfizeram. Em silêncio, os guardiões da banheira imaginária saíram da água. A eles, juntaram-se os outros, e o guia, um local. E iniciou-se a caminhada de volta ao hotel. Sozinhos, vimos o moleque saindo da água com um barquinho e decidimos voltar, eu, Flavia e Bochecha, pelo mar. Minutos depois, estávamos na rampa do hotel, onde uma hóspede (paulista) tomava sol de cadeirinha, respirando óleo como se perfume fosse.

Enjoado do barco, Bochecha deu uns passos, cambaleou e foi parar a dez centímetros da perna da mulher, onde vomitou água salgada até dizer chega. Foi o fim de tudo. Convocados à recepção, fomos informados, pelos donos do hotel, que Bochecha teria de ficar encarcerado no quarto se quiséssemos continuar lá. Respondi sem hesitação: "Nunca." Exigi o dinheiro de volta e pedi um barco urgente. Que saudades do Rio!

Ao me lembrar dessa história que me encheu de saudades e tristeza (Bochecha morreu), tomei uma decisão em caráter definitivo: até topo ir a Angra. Mas só se Bochecha for junto.

Orkut na reta

O Orkut ainda não era coqueluche quando Lia contou a novidade.

— Gente, é um clube na internet onde várias coisas legais acontecem.

— E como faz para entrar?

— Tem de ser convidado por um amigo. Ou uma amiga.

O jornalista galês, que estava no bar, interveio.

— *Esto* é uma forma de *ecsclusáo*!

— Exclusão nada. Tá todo mundo entrando. Todo mundo convidando — reagiu Lia, voltando-se, provocante, para mim:

— Quer ser meu amigo no Orkut?

— Que isso, Lia. Sou comprometido. Fechei meu botequim.

— O Orkut é um mundo eletrônico.

— Ah, se é eletrônico...

No dia seguinte, recebi o e-mail de Lia me convidando para entrar.

Entrei.

Havia um questionário: você é mais de sol ou de lua?, gosta de cinema ou teatro?, considera-se um sujeito engraçado, burro, tímido, idiota ou alternativo?, é pan, metro, hétero, bi, retro?

Fui respondendo. Descobri que havia um ranking, no qual você atribui pequenas estrelas de acordo com os perfis, fatos e fotos das pessoas, e decide se vão ser suas amigas ou não.

Então Lia veio à minha mesa na redação:

— Aí, Arnaldo, dá uma estrelinha pra mim!

Obedeci. Dei estrela para Lia. Desliguei o computador. E foi a última vez que entrei no Orkut.

Mesmo assim, a partir daquele dia os convites se multiplicaram. Muitos vinham de gente legal, inteligente, cheia de conteúdo. A minha volta, ouvia os comentários.

— Entupiram meu Orkut de estrelas!

— Já tenho 60 amigos!

Possesso, descambei a dizer gracinhas.

— O que é que o Orkut tem a ver com as calças?

— Ih, Arnaldo, que mau humor. Cara chato. Ficando velho.

— Tem Orkut no meio...

— Sabia que o Orkut é ótimo para encontrar pessoas que não se vê há décadas, amigos de infância, gente do maternal?

— Mas Lia, quem disse que quero rever meus amiguinhos do maternal?

— Velho! Preconceituoso! Logo você, que faz pilates.

— Isso é preconceito.

— Muito engraçado.

— Desconfio dessas manias.

— Tipo Pilates?

— *Touché!*

— Você não tem a menor coerência. Não tem princípios.

— Princípio de Orkut é rola.

— Você bebeu?

— Orkut de bêbado não tem dono.

— Ah, vai se catar.

— E você vá tomar no Orkut.

Assim terminou minha conturbada relação com Lia, que acabou se casando com o jornalista galês.

O jogo do Juca

Faz tempo tento tomar um chope com Juca. Esta semana, deixou recado no celular. Mas quem falava do outro lado parecia outro Juca.

— Olha só, queria te convidar pra um jogo. Vai ser lá em casa no domingo. Liga aí. Abraço.

Um jogo. Juca é de origem marroquina, podia ser um torneio de gamão. Liguei de volta, animado.

— E aí, Juca? Qual é a desse jogo?

— É um jogo. Segunda vez que a gente faz. Você vai se amarrar.

— Mas como é? Qual o nome?

— O sujeito faz perguntas, as pessoas respondem. Falando assim não dá pra sacar, tem que ver na hora.

— Ver o quê?

— Rapaz, fica tranquilo, é uma coisa leve.

— Leve?!

— Dá uma pensada. Preciso saber logo, porque eu e prima Jucélia contratamos um pessoal terceirizado. Tem que confirmar.

— Vocês... contrataram um... pessoal terceirizado?

— Bom, abração.

O que era o jogo na casa de Juca? A primeira hipótese que me veio foi assustadora: uma reunião da Amway.

Daquelas iscas pra trouxa: telefonema súbito, reunião misteriosa, com gente bonita e diferente, música, amigos que não se vê, pastinhas de aipo...

O cara vai à reunião achando que é um harém e, quando chega, cai num poço de crocodilos engravatados querendo converter você à seita do marketing de rede para vender panelas.

Poderia também ser uma peça de teatro interativa. O convidado chega e tem um pessoal de quatro fazendo *au au*; sílfides voando sob lençóis; césares discursando sem tribuna; fadas e bruxas serpenteando no assoalho.

Mas e se for, efetivamente, um jogo do intelecto, que leve a uma profícua discussão de ideias e conceitos? Mas então... por que não dizer, simplesmente, que é um grupo de estudo, um fórum de debates informais, sei lá, mil coisas?

O que me choca no telefonema de Juca é a lembrança do tempo em que a gente marcava de jogar *war*, botão e até videogame (os primeiros Ataris...), ou fazia uma festa improvisada; ou ia ao teatro; ou passava a madrugada no telefone. Mas sem precisar "contratar um pessoal terceirizado", pô!

O jogo na casa de Juca é amanhã. Não retornei, nem vou retornar. Ele vai achar que sou mal-educado, mas é um preço a se pagar pela liberdade.

Mas continuo à espera daquele chope.

A alma dançou

Tinha festa na casa de Sid. O cara tem a maior imprensa, achei que ia gente à beça. Mas nem Sávio, homenageado da noite, foi; nem Zé, que não perde uma; nem Tonho Antonio, que avisou da festa.

Quando cheguei com Cristina, só estavam Sid, Joca, Alonso e a mulher, mas, quando me viu, Joca levantou-se e foi embora.

— Vai de B&W ou de uísque do vovô? — perguntou Sid, apontando com desdém para uma garrafa de Dimple que ele não queria abrir.

— Manda o vovô — respondi, deixando Sid contrariado.

Encheu meu copo e subiu para o segundo andar. Lá de cima, onde havia uma TV, Sid ficou dando parciais do placar de Brasil X Porto Rico, no basquete. Alonso protestou.

— Pô, que anfitrião é esse?

Quando o Brasil perdeu o jogo, Sid desceu e foi avisando:

— Na mesa tem mortadela.

— Odeio mortadela — reagiu Alonso.

— É temperada, com tomate, pimenta e objetos coloridos.

— Yac! — gritamos eu, Alonso e a mulher.

Cristina discordou:

— Adoro mortadela colorida.

Ataquei:

— Mortadela colorida só não é pior que bombom de pera ou figo, daqueles que sobram na caixa e a gente cospe.

Cristina foi voz dissonante outra vez:

— Adoro bombom de pera.

Sid interrompeu:

— Vocês se lembram do Glus Vita?

— Plus Vita — reagimos todos.

— Glus Vita, porra. Embalagem de plástico, melzinho, um líquido verde viscoso, que escorria pela boca...

— Aaaargh!!!

A mulher de Alonso entrou na roda:

— Tipo geleca.

— Geladinho, bom de passar na testa, no calor — ensinei.

— Na testa?

A esta altura, banhado no uísque do vô de Sid, aquilo era um banquete. Nas duas horas que se seguiram, falou-se de tudo. De Kikos Marinhos, vermes vendidos como alegres criaturas semi-humanas que dançavam, brincavam e faziam amor num aquário.

Um enigma: como sobrevivemos ao Laboratório Químico da Estrela, que tinha elementos variados, ácidos perigosos, misturas fervidas que, vira e mexe, a gente provava?

Chegou-se ao leite achocolatado CCPL, o da embalagem triangular.

— Piramidal — corrigiu o Alonso.

Momento National Kid. Tive um tremor. Todos notaram. Confessei:

— Nunca percebi que o Professor Hata era a identidade secreta do herói japa.

Falcon. Tive dois. De um quebrei o pescoço, simulando assassinato. Outro morreu em desastre a bordo de um Match 5, com direito a sanguetchup.

Bem menino, numa briga com minha irmã, joguei sua Suzi janela abaixo. O porteiro ligou:

— Está morta.

Na festa de Sid, falou-se de borracha que pula dez vezes batendo no teto. Do trauma com a morte da mãe de Bambi. De posto de gasolina em miniatura.

Quando bateram as 2h da manhã, me veio a luz:

— E o autorama?

— Autorama? — perguntou Sid, enigmaticamente. — Sigam-me.

E lá foram, eu, Cristina, Alonso e a mulher, atrás de Sid.

A caixa do autorama estava no chão do quarto.

— Putzgrila!

— Pois é, não abro há dez anos.

Sid tirou a tampa. Os pedaços de pista cinza apareceram. A memória da dificuldade de montá-la e da alegria de ver o circuito completo arrepiou a espinha. Ouvi, do fundo do tempo, o som do motorzinho, a vibração do controle elétrico na mão, o carrinho derrapando e voltando ao eixo.

Abraçamos — nós que éramos poucos — Sid, pela festa que ele dera. No dia seguinte, liguei para agradecer, ele estranhou, achou que era gozação.

É que festa assim não aparece em coluna social nem repercute no circuito alternativo, a gente pensa que é festa caída, mas, quando vê, a alma dançou a noite toda.

Mãos de pai

Passei o *réveillon* de celular desligado. Aliás, tudo desligado. A luz, a televisão, desligadas. Os olhos, desligados.

A farra começou na sexta-feira, quando consegui instalar papai numa mesa no Jobi lotado para almoço. Papai cismou com a cadeira do bar: tinha certeza de que se quebraria sob seu peso, e o almoço terminaria em tragédia.

O argumento foi o prato do dia: dobradinha. Com dobradinha, Leonardo, de ânimo dobrado, enfrentaria a cadeira, a tragédia, o que viesse, desde que viesse logo.

Incontáveis e fugidios bolinhos de bacalhau mais tarde, o garçom apresentou à mesa as duas cumbucas cheias de tripa, feijão-branco e carne, liquidados em minutos.

Quando veio o pudim de fôrma, papai avisou:

— Nem dá pro começo. Pode ir chutando mais.

À saída, Leonardo ainda fez uma boquinha de baunilha no Bob's.

Dia seguinte montei na bicicleta e fiz Leblon—Flamengo em uma hora e meia, passando por Copacabana para ver o último e lindo dia do ano ali no centro do mundo.

Depois, a enseada de Botafogo, que estava de uma nitidez lavada, e para o lado do Aeroporto, umas nuvens coléricas que tentavam atingir a cidade mas eram empurradas para o mar pelo vento.

Na casa dos pais, mamãe achou-me com aspecto horrível, cabelo comprido desfeito pelo vento, edward-mãos-de-tesoura.

— Monstro, vai logo para o banho.

Papai no escritório assistia, em sua enorme poltrona, ao épico *Todos os corações do mundo*, de Murilo Salles, sobre a Copa de 1994. Rebelde, afundei suado na poltrona ao lado, e até vovó veio com uvas (vovó adora futebol e uvas). Fui ao banho e quando saí a mesa estava posta, bacalhau ao Braz, moqueca derretendo na garganta.

Na sobremesa borrifou-se o pudim, a rabanada e o brownie com uísque, e deu um soninho.

Então bateram as 11 e papai anunciou, levantando-se com um estrondo:

— Vou dormir.

Mamãe protestou:

— E o *réveillon*?

— Pra quê?

— E os fogos, na TV?

— O que interessa? — e foi para o quarto.

Também sonado da boia e da birita, olhei para mamãe e já fui me desculpando:

— Não leva a mal, mas acho que vou dormir também.

E fui. Deitar ao lado de papai e conversar sem ter planos, o rádio de pilha enchendo o fundo do escuro daquela atmosfera terna que só o rádio tem, coisa que leva à melhor infância.

A voz do pai é a voz do espírito, a mão gorda sobre o pulso do filho é peso que equilibra a balança que bate no peito.

Para que os fogos, se temos aqui o escuro, as vozes, o rádio, as mãos?

Ayahuasca

Em visita de trabalho à nação Arara, às margens do Juruá, no fundo da mata amazônica, bebi, em noite de pajelança, um pote inteiro de *ayahuasca*, o líquido milenar, antigo conhecido dos povos da América précolombiana, e vi que o gosto era forte e bom, vegetal adstringente, profundo.

Não vieram as tais náuseas de que muitos reclamam (e pelas quais outros anseiam). Ao contrário. A náusea, aquela de Sartre, o *spleen* civilizatório, é que se aplacava ali, cercado que estava de gente de paz, jovens pajés, aprendizes, suas mulheres e irmãs, outrora flagelados nos seringais e hoje sedentos de reativar os canais do tempo.

Um dos homens puxava, do fundo de um vaso, ressonâncias em idioma *pano*, ora palavras, ora impulsos vocais, interjeições de júbilo ou dor, suspiros e sopros acústicos contra maus ventos. Em contraponto, as vozes femininas, suspensas, dissonantes, sensuais no limite do divino.

Demorou menos de uma hora para o rastro de luz percorrer o breu de meus olhos cerrados. "Bateu", pensei, os sentidos se ampliando na direção da cantoria e dos sons da floresta em noite estrelada.

E do breu emergiram, com extrema leveza, ramos entrelaçados, sementes, frutos arquetípicos transmutando-se em outros padrões, enciclopédia da alma da Terra, elã de sincronia.

Abri os olhos então e olhei para minhas mãos, as pontas dos dedos tocando-se entre si, e vi, com moderado assombro, que eram mãos de menino, subtraídas e frágeis.

Aproximei-as dos olhos e conferi a superfície rosada dos dedos pequeninos, de criança. Pressionei o indicador e ele era mais energia que matéria: era clara, às antenas do tato, sua dinâmica molecular.

Olhei em torno para verificar se as demais estruturas, pessoas, árvores, estavam distorcidas, e verifiquei que não: as proporções e as relações mantinham-se dentro dos parâmetros conhecidos.

Eram só as mãos mesmo, de criança, e, por um instante, veio-me um pensamento perturbador: "Será que vão voltar ao estado normal?"

Mas era tão natural, até aprazível, a sensação de tê-las naquela forma e naquela consistência, e era tão bela a música, e era tamanha a paz, e tão grande a floresta, que súbito tornou-se indiferente.

Confortei-me: "E se forem mesmo pequenas as mãos? Por que é que têm de ser grandes? Será que não estavam grandes demais antes, quando as apontava para o nariz dos outros? Será esta, sim, a dimensão real, o justo tamanho?"

Juntei as mãos novamente naquela configuração, os dedos tocando as pontas de seus coirmãos, e as mãos eram oráculos que, à custa de leves toques, me enviavam ao caminho do conhecimento. Fechei novamente os olhos, interessado em investigar o que o breu ofereceria aos sentidos e à razão, a emoção sob controle, protegida das armadilhas do ilusório.

Veio-me então à vista escura a presença, o rosto longo, de sacerdote, a pele parda, sorriso oculto, implícito, benfazejo e protetor, que logo se solidificou e, ao ganhar um caráter totêmico, verteu-se na minha própria carcaça: o rosto, o totem, de pedra ou madeira, era "eu", representado ali, aqui, eterno e transitório, e sobre ele (sobre mim) pairava, enfim, algo maior: espírito.

Não no sentido da divindade proverbial, mas da pura essência das coisas, que emanava em tudo, nos cânticos, na selva, no Cosmo, arrastando a energia dos velhos medos e das novas terapias para um só estado de síntese absoluta.

Abri novamente os olhos. As mãos, ali.

— Tenho mãos de criança — confessei.

— Você está renascendo — replicou o pajé, sem sorrir.

Estava. Renascendo. Em um estado renovado, de profunda expansão da mente e, ao mesmo tempo, da mais absoluta introspecção. Tudo dentro dos limites do racional, mas sem perda de emoção. Unidade entre percepções passadas e futuras em um mesmo presente, refletindo em, e emanando de, cada ruído da noite, cada harmônico musical, cada pensamento, o respiro do aroma do chá que perfuma a pequena maloca, templo efêmero. Tudo clamava por consciência dos limites, humildade, aceitação, inclusive das pequenas e frágeis mãos, da irrelevância do corpo, do despertencimento a uma corrente caótica (mas lógica) que remonta ao início dos tempos.

Pouco antes da alvorada despedi-me e voltei à casinha de palafita. Para adormecer na rede, abracei meus próprios ombros em ato de amor, com as mãos de criança.

Quando, poucas horas depois, acordei ao som das buzinas de cerâmica (as aldeias comunicando-se entre si), constatei, com uma tranquilidade que era também resignada decepção, que as mãos haviam voltado às dimensões usuais.

Porém, desde então, sempre que fecho os olhos e junto os dedos, posso voltar a senti-las, pequenas, eternas, etéreas, protetoras da floresta que há em mim.

Zoide '64

Todo cronista que se preze tem de dizer o que estava fazendo em março de 1964.

Meu testemunho: em estado unicelular, eu travava uma guerrilha solitária contra bilhões de zoides, no front da gestação. E fui. E vi. E venci.

Quando acordei para a vida era 1970, uma chuva de papel picado na janela do apartamento na rua das Laranjeiras: Brasil campeão.

Cresci assim nos anos de trevas: vendo o país através do esporte. Na TV, Cid Moreira. Nos jornais, quadrinhos e futebol.

No colégio, a leitura de obras pátrias não foi longe, limitando-se ao óbvio, e as noções de História do Brasil não abriam perspectivas.

Em casa, algo sobre história russa pela melhor porta de entrada: clássicos de capa dura tirados da estante de meu pai que dava voz de comando.

— Lê, filho da mãe!

Eu lia. E enxergava ali um bom pedaço da minha ancestralidade. Mas nada me diziam, nem os livros nem os pais, sobre o que acontecia nos porões do país. Assim, vi Médici na TV despedindo-se do poder, bandeira do Flamengo cobrindo a árvore no quintal, o sorriso do velhinho.

A fumaça só começou a se dissipar naquela onda pré-abertura, as peças de Vianninha liberadas. Estava pelos 13 anos; comecei a ir ao teatro que nem doido, ler teatro, escrever teatro.

Conseguiram para mim um encontro com Nelson Rodrigues. Para levar uma peça. Ele me recebeu no apartamento no Leme, na porta dos fundos.

— Deus te abençoe — disse, apanhou o manuscrito, pedindo que eu voltasse em duas semanas.

Da segunda vez entrei pela frente, uma irmã de Nelson assistia à novela das 6 na penumbra.

Ele me convidou ao escritório. Foi sucinto.

— Lê Tolstói. Lê Kafka. Muito Kafka.

Levantou-se e me conduziu até a porta (dos fundos).

— Deus te abençoe.

Em 1981, eu ingressava na Escola de Comunicação da UFRJ, a ECO, na Praia Vermelha.

Fui a todos os comícios. Na tarde-noite de 1 milhão na Candelária, tomei o porre da vida e cheguei em casa chorando.

A ditadura estava indo embora mesmo, o dia raiou, e vieram as Diretas, a vigília, e o resto não é preciso falar.

Por isso fiquei triste, outro dia, ao ler que, em idade de vestibular, os zoides que agora chegam à idade que eu tinha nos tempos da abertura confundem Inconfidência Mineira com Golpe Militar.

Minha ignorância tinha motivos relacionados à época ingrata em que nasci. A ignorância hoje é a de um tempo em que os jornais não estão sob censura, os currículos escolares podem abordar o que bem entenderem, os pais não precisam ser ativistas ou guerrilheiros para conversar com os filhos, e a violência, mesmo fora de controle, não é político-institucional.

Todos fomos zoides, e um dia vencemos a batalha pela conquista do útero e do ovo. Mas isso não nos garante a tomada da consciência, arma contra toda opressão.

O judeu alvinegro

Botafogo e judaísmo têm tudo a ver. Só não digo que o Botafogo é um time judeu para não chatear os irmãos alvinegros de outras etnias ou fés, nem os ateus. Mas, queiram ou não, as semelhanças saltam aos olhos, a começar pelos símbolos: a estrela solitária e a estrela de davi brilham no horizonte das esperanças.

Um messianismo endêmico e uma ideia de que o botafoguense é imbuído de uma missão maior e redentora, herdada dos ancestrais, é outro traço da tradição judaico-alvinegra.

Não à toa, as arquibancadas do time da estrela estão cheias de torcedores barbudos com caras de Moisés que levam as mãos para os céus e profetizam dilúvios, ou suplicam pela vinda de um messias goleador.

O alvinegro, como o judeu, acredita que é um torcedor diferente, singular, que possui "uma identidade" que está para além do futebol, da vitória ou da derrota, além dos fatos deste mundo.

Identidade concedida por uma força superior.

E a superstição? Uns hão de dizer que a tradição judaica não admite superstição, o que é falso: na hora em que a cobra fuma, a tradição se casa com a crendice e elas vão juntas ao terreiro.

Contudo, o traço judaico mais marcante no povo alvinegro é o aspecto persecutório.

No judaísmo ele tem bases históricas que remontam a dois mil anos, da expulsão de Roma ao nazismo, passando pela inquisição e os pogroms czaristas.

Já no "alvinegrismo", a ideia de perseguição tem origens obscuras, metafísicas, mas também históricas: passamos por 21 anos de jejum após os tempos do apogeu. Sabemos o que é passar fome por décadas. E décadas em cento e poucos anos de existência são como milênios de fugas, confinamento e humilhação.

Talvez, justamente por ser brasileiro de origem judaica (e ter escolhido o Botafogo), me venha agora toda essa angústia. É perseguição demais para um ser humano só. Muito drama para uma alma só. Muita emoção para um só coração.

Chega de vitimização! Em muitas ocasiões, mesmo justificada, ela mais atrapalha do que ajuda, nas lutas por justiça que os povos perseguidos vivem a travar.

É uma questão complexa com a qual os filhos das diásporas e as minorias se defrontam. E evoluem, no sentido de um maior equilíbrio nas relações entre os povos.

Aos céus ergo minhas mãos barbudas e pergunto: se os judeus podem, por que o Botafogo não pode evoluir também?

A vida é bola

Quando vim ao mundo, vieram juntas, de fábrica, duas bolas e um *champignon*.

Aos sete dias, um rabino arrancou a pele do cogumelo sem anestesia, mas preservou o caule e as bolas, que ele não era bobo nem nada.

Em 1968 tive sonhos tétricos com bolinhas coloridas e metálicas essencialmente más.

Seria o chumbo dos anos infantes? A intendência dos anos de chumbo? Pulsão natural de morte?

Não sei.

Sei que a bola rolou em 1970 no México e ficou na memória a caixa cheia de luz de onde vinham os fatos, e depois, na janela, gente gritando e papel picado.

Com meu pai fiz estreia no Maracanã e o vi tombar em um bueiro aberto, sorte não ser profunda a cova, senão lá se ia o pai, ficavam o menino e as bolas. Salvou-o uma boa alma que passava e me ajudou a puxá-lo — meu papai — de volta.

No parque de fundos do prédio em que morava em Laranjeiras corria eu atrás de uma bola de meia, essa sim, bola de fato.

Houve também a bola de bico chutada nas bolas, ai, deve ter doído mais que o rito do rabino, nunca saberei.

Sei que passei incólume, e diria: revigorado.

Tanto que segui jogando no campinho da rua Visconde de Ouro Preto, onde ficava o colégio.

Na primeira aula, o professor fez elogios à minha perfeita compreensão do fundamento do "bate-pronto".

O problema é que parei por aí e os outros fundamentos bateram na trave. Pois a bola, quando sobrava para mim, era o mundo: esquecia o campo, o gol, o outro, meu semelhante, e tudo girava, e lá se ia a bola, embora.

Era vítima de chacota e fúria. E na hora de escolherem os times, disputava a última vaga com Marcelo Isaac, mistura de Charlie Brown e Garoto Enxaqueca. E perdia. Feitas as contas, o Marcelo Isaac jogava melhor que eu.

Desistir, porém, nunca: jogava na rua, na praia, em um Rio de Janeiro em que a garotada dos prédios e dos morros brincava igual. Até comprei uma bola e — ô sorte! — esbarrei com Pelé no elevador do prédio onde vovó morava, e Pelé assinou a bola, que, levada aqui e acolá, sumiu.

Nos tempos de faculdade encontrei a equipe ideal para atuar, inicialmente como reserva: o Graurr, em cujas fileiras me realizei, pois havia gente tão ruim quanto eu, e os bons estavam sempre bêbados.

No início dos 1990, quando morei em Paris, descolei pelada de futsal aos sábados, só de franceses. No dia da minha estreia, ao saber que o novato vinha do Rio, os gauleses fizeram festa:

— *Un brésilien!*

Depois da estreia, o discurso mudou.

— *Un brésilien*?

Resisti meses até ser expulso formalmente. Um francês camarada sugeriu que eu viesse de goleiro, uniformizado, que o pessoal simpatizava com essas palhaçadas e eu reconquistaria o que jamais me pertencera.

— *Merde* — respondi, e fui.

Por fim, em uma pelada carioca recente, sob efeito de um chá, descobri, em uma catarse, que bola não é mundo, ainda que mundo seja bola.

Dominei. Olhei em torno, vi os companheiros, o campo. Respirei.

Soltei a bola. Devolveram. Tabela, eu? Dei uma quebrada pra cá, outra pra lá, chutei cruzado e...

Gol?

Abraçaram-me todos, de um time e do outro, e a vida girou como uma ciranda, e desde então a bola não parou mais.

(…)

En Bogotá

— Caracas! *Estoy en* Bogotá! — exclamei, quando o trem de aterrissagem tocou o solo com a sutileza de um terremoto.

Chove que nem o diabo, e meu pescoço mal dormido dói, moído. Lá fora, a colombianinha segura em uma das mãos a placa com meu nome e, na outra, um guarda-chuva do tamanho de um telhado. O vento deve estar batendo zero, e eu sem um casaco decente.

— Caracas! *Los Andes!*

Como é que fui me esquecer que estamos em agosto, na montanha, a 2.600 metros de altura, e não na floresta?

Dentro do carro faz calor. Na janela, a cidade: conjuntos habitacionais cor de tijolo, casas de tijolo, galpões de tijolo, muros de tijolo.

— *Un mall* — avisa o motorista, apontando na direção de um shopping, como se fosse um palácio.

O centro está longe. Queria tanto ver as construções coloniais! Mas *estoy acá* para uma conferência non-stop. O destino é a clausura do hotel.

O lindo relevo ao longe soa carioca, mas sem as famosas favelas de Bogotá, que ainda não se descortinaram.

E não é que sinto falta delas? E uma certa culpa também quando chego ao hotel, que tem vitrais e porta de madeira espessa, desenhada em padrões medievais.

Aca en baño, uma ducha que não vejo tão bacana desde meus tempos de Copacabana.

Quem se preocupa com o frio? Quero ficar nesse luxo o resto dos dias. Mas o hotel dá para uma avenida de grande movimento e não tem ar-condicionado. Fechada é um silêncio de Maracanazo. Aberta entra, com o frio, uma Senador Vergueiro inteira de carros, ônibus, motos.

— Caracas! *Estoy en* Flamengo!

Quando se viaja só a trabalho é assim: a cidade passa através da janela em ondas de frio e calor, ruído e quietude, evocando outras cidades. Mas o real se impõe: sim, estou onde estou, dizem os jornais. Atentado em Cáli. Mortos. Troca de acusações entre Gaviria e Uribe.

Me gustaría mucho dar um rolé no centro. Onde ficam os puteiros de García Márquez?

O motorista me falou de um prato local, *una sopita*, à base de frango, abacate e creme. Porém, na rua ao lado os restaurantes só servem japa, sanduíches chiques, cozinha internacional, fachadas metidas a Nujork.

— Caracas! *Estoy en* Sampa!

E a conferência ainda nem começou. Para a ocasião, antes de partir, comprei dois ternos em um *mall* em Botafogo. Três camisas novas. Sapato e cinto. Gravatas cor de uva.

O vendedor tinha dito que a tendência era uva. William Bonner agora só usa uva; uva é o bom. Fazer o quê? Uva.

Primeira prova. Suspense no espelho do hotel. E esse calor? Mas a janela está aberta...

Livro-me do terno e me jogo nu na cama, cobertas e lençóis no chão. A cabeça vai explodir, as faces estão escaldantes. Respiro como se tivesse corrido 50 quilômetros. Será que peguei uma doença das Américas?

Não. É só o terrível e conhecido mal de altura que acomete os visitantes *desacostumbrados*.

— Uma coisa é certa: *yo nunca podría jugar la Libertadores en Cuzco*.

E dá-lhe cinco neosaldinas. Overdose. Durmo uma horinha. A primeira em 40.

E acordo como um touro. Um leão curado. De áries.

Então vamos dar fecho à crônica, antes que seja tarde. Sábado, dia em que sai publicada, a conferência já terá acabado. Talvez dê tempo de ir ao centro. Ao museu Botero. Comprar um livro pro Mineiro. Um gibi pro Rodrigo. Um sapato pra Cris.

Talvez dê pra tomar um rum. Pra dançar uma rumba.

Por enquanto, é madrugada de quarta para quinta e daqui a pouco *empeza* a conferência.

Para quem me lê, hoje é sábado. Para mim, sábado ainda é uma miragem. Dia feliz, em que direi, enfim: "*Yo amo Bogotá.*"

— Caracas!

Planeta Central

Primeiro ano da faculdade, 1982. À margem do laguinho, num dos pátios internos da Praia Vermelha, apaixonei-me por Corine (o nome é fantasia, tudo o mais é verdade).

Os olhos tinham cor de azeitona; os cabelos, tons de doce de leite; o sorriso, a lua crescente.

Corine namorava Arquibaldo. Seu nome também é fantasia, o verdadeiro era ainda mais esdrúxulo.

Um dia, Corine me disse que Arquibaldo fora aprovado em um concurso. Ia morar em Brasília.

— Vou me casar com ele, estou partindo.

Confessou que gostava de mim, chegara a pensar em largar Arquibaldo para ficar com Arnaldo, mas não tivera coragem.

Enlouqueci. Fiz uma música, mostrei a ela, suei bicas na madeira do violão. Corine ouviu, não disse nada, e voou para lá.

Seis meses depois, fui visitá-la. No setor sei-lá-qual-quadra-não-sei-o-quê, Corine e Arquibaldo me esperavam.

Arquibaldo era uma gentileza: deixou-me sozinho com Corine. E ela me contou como foi a primeira noite com ele. Nunca doeu tanto. Em mim, claro.

Foi um fim de semana absurdo. Era minha primeira visita a Brasília, e eu só tinha olhos para os olhos-azeitona de Corine.

Não guardei lembranças dos traços do arquiteto. Não tinha Planalto, Itamaraty, Congresso, Catedral, Memorial.

Tudo que eu conseguia ver (além de Corine) eram os gramados da Esplanada (verdes, como os olhos dela), e a cara de Arquibaldo, com sua beócia gentileza.

À noite, em um gramado, alguém (acho que Arquibaldo) abriu uma porta no chão, que dava para o Clube de Choro, espaço subterrâneo, ponto de referência da boa música na capital. Corine estava de branco, radiante.

Antes de fechar-se aquela estranha porta sobre a minha cabeça, avistei o fim de tarde.

Boreal.

Segunda-feira de manhã, estava no avião para o Rio. Quando a nave decolou e vi Brasília de cima, chorei sem saber por quê.

Achei que era por Corine.

Não era.

Eu chorava pela cidade, vazios, setores, velocidades, impressões que aquele céu e aquela porta no gramado produziam: de que eu fizera, ignoto, uma viagem interplanetária. E, ao fim de uma viagem interplanetária, todos choram.

Eu chorava porque deixava o Planeta Central, e, por um fenômeno inexplicável, não conseguia mais pensar em Corine. Eu estava apaixonado.

Por Brasília.

Passei, então, sete anos sem voltar lá. Quando retornei, não era mais estudante. Como repórter da revista *Manchete*, fui fazer uma matéria sobre o programa de vigilância do espaço aéreo.

Uma estada rápida, de apenas um dia, que passou por instalações militares, torres de controle, conversas com oficiais, e o ponto alto: ser interceptado, no ar, por um Mirage.

Quando, para se exibir, o piloto aterrissou com um malabarismo de cujo nome não me lembro, o fotógrafo que me acompanhava libertou-se do cinto e foi vomitar no fundo do jatinho.

Desta vez, não procurei Corine.

E nem pensei nela.

Mentira. Pensei, muito. Mas não procurei.

Da terceira vez, 1995, não guardo lembrança. Exceto de que morava em São Paulo. Não sei o que fui fazer no Planeta, ou o que vi. A densidade de São Paulo deve ter apagado a memória dos vazios da capital.

A quarta vez foi em 2003, na posse de Lula.

Eu, enfim, enxergava Brasília. E não conseguia encontrar os vazios que tanto tinham me comovido: a cidade estava apinhada de gente. Desafogo como esse só mesmo o dia da vitória sobre a Alemanha, quando fui direto do Odeon para a praia, e o mar de Ipanema, limpo e geladinho, estava com um daqueles bancos de areia que parecem ir até o alto-mar, as ondas estourando suaves lá longe, sob o sol de inverno.

No dia da posse, não pensei em Corine.

Verdade.

A quinta vez, como repórter de jornal, fui encontrar os ideólogos-satélites do ministro Gil. Os vazios estavam lá de novo, e, na saída do aeroporto, vi os outdoors cheios de hurras ao presidente.

O rosto de Lula nos cartazes, naquela cidade silenciosa e estéril, me deu a sensação de chegar à capital de uma república socialista, por mais bizarra (ou perversa) que soe tal fantasia.

À noite, rumando para o encontro com os baianos, o motorista do táxi contornou, um a um, os símbolos iluminados: os palácios, a casa do povo, o templo branco e seu carrilhão, os espelhos d'água, a catedral.

Visões que me assombraram de tanta beleza, maior ainda sob o silêncio e o vazio solene da noite. Nunca tive tanta certeza de estar em outro (lindo) planeta.

Então me lembrei: onde andará Corine?

Retornei ao Rio em uma sexta-feira chuvosa. No fim de semana, comprei uma bicicleta e fui para casa sob temporal, aproveitando as marquises e desviando suavemente dos pedestres. É sempre bom estar de volta à Terra.

A vida perdida de Alicia

O avião aproxima-se de Nova York, e penso em Alicia, cujo nome não é esse. Lembro-me de como estava no dia em que a conheci, em um café de Providence e ela me disse que lia Fernando Pessoa.

Os cabelos negros, fios ondulados à cintura, lábios finos, olhos tristes... figura saudosa, lusitana.

Puxo conversa: é americana, de Long Island, a extensa faixa litorânea que agora avisto da janela do avião. Morou no Porto durante dois anos. Trabalhava em uma tasca, à margem do Douro. Aos 23, partira assim, sem razão. Lá, pretendia seguir vida. Depois, Lisboa. E, um dia, partir em um cargueiro rumo ao Brasil, a natural extensão...

Voltou ano passado para os Estados Unidos. Primeiro Long Island e, agora, Providence. Procura uma colocação na Escola de Design. E, nas horas vagas, vem escrevendo versos sobre Portugal.

— Uma poesia sobre a minha vida perdida.

Conto a Alicia que trabalho com jornalismo e literatura, e peço que me mostre o que está escrevendo, quem sabe publico em uma das crônicas que estou escrevendo sobre Providence.

— Não sei. Não posso. Não quero mostrar uma poesia incompleta.

Fico com o telefone de Alicia e, duas semanas depois, procuro-a para marcar novo encontro no mesmo café. E peço:

— Traga a poesia.

Quando me aproximo, não a reconheço. Sentada no meio-fio, cabelos presos, óculos escuros, fala inglês ao celular com *earphone*. Uma americana.

Passo direto, mas ela me chama. Na escada, falamos generalidades. Com surpresa, Alicia nota que conversamos em inglês.

Quando, na mesa, solta os cabelos, tira os óculos e engrena seu português, reconheço-a de fato.

— Até pensei em trazer os garranchos da poesia, mas desisti. Seria prematuro e doloroso.

Deixo-a à vontade, mas quero saber mais a respeito de sua "vida perdida".

— Por que a volta abrupta para a América?

— É este justamente o nó que aperta minha garganta.

— Fala. Você vai se sentir melhor.

— É segredo. Não quero que ninguém saiba. Não desejo que me tratem de maneira diferente só porque...

Silêncio, e os olhos fixos nas duas xícaras de café quente. Com um fio de voz, Alicia reergue a cabeça:

— Posso confiar em você?

— Estou ouvindo. Fique tranquila.

— Lembra quando eu disse que só viajaria ao Brasil se fosse de navio?

— Lembro. Uma viagem evocativa das grandes navegações?

Palpite errado, esclarece Alicia, baixando novamente a cabeça.

— Não poderei, nunca mais, entrar em um avião. Meu último voo, de Porto para Nova York, foi em setembro de 2001.

Naquela data, Alicia unira-se à família para chorar a morte do pai, que estivera em um dos quatro aviões de Bin Laden.

Aliás, no dia seguinte à nossa conversa, sua mãe iria, enfim, ouvir o conteúdo da caixa preta.

Alicia exibe os documentos com que as autoridades convocam as famílias.

— Eu não quis ir. Imagine, atinar com a voz de meu pai, momentos antes do choque com a torre...

O silêncio se faz diante do café quase frio, que Alicia sorve em goles mecânicos. Por fim, confessa que se sente melhor depois de ter falado. Volta-lhe inclusive um certo apetite, e ela pede *french toasts* de massa sovada portuguesa, muito populares na Nova Inglaterra.

Diz-se esperançosa quanto à poesia que, se terminar, promete mostrar-me.

"Falta um moscatel para brindar à vida que segue", penso. E, obviamente, me calo. O brinde solitário ela um dia o fará em um cargueiro, deslizando sobre o Douro, o Tejo, ou ao avistar o mar de Salvador.

O avião se aproxima da pista, rasante. Do lado direito, oposto à minha janela, identifico Manhattan em contraluz, e, pela primeira vez, não vejo as torres. E penso em Alicia. E continuo a pensar.

O chato do cinema

Em certa sessão de *Marcas da violência*, novo filme de Cronenberg, conheci o rei, o pai, o guia de todos os chatos, o ídolo dos tagarelas, o campeão da aporrinhação, o exterminador do silêncio, o destruidor do lazer do próximo.

Sentado a meu lado, o rei dos chatos trouxe sua senhora, a anta-rainha, cuja principal característica é não entender nada do que se passa na tela. Felizmente para ela, infelizmente para mim, o maridão está lá, interpretando quase sempre de maneira equivocada — a trama, simplíssima, do filme.

Além de grunhir suas dúvidas, a anta-rainha, vira e mexe pontua o filme com tolas exclamações, do gênero "e agora?", "que coisa...", "coitado!".

No que é acompanhada pelo chato-rei, que, solidário, responde: "é mesmo", "caramba", "vê se pode!"

Já conheci outros chatos de sua espécie, ou melhor, seus súditos: amassadores compulsivos de sacos de amendoim, comedores farofentos de pipocas, velhinhas que vão a filmes de Fellini para falar da gravidez da sobrinha ou do preço do chuchu.

Mas, sentar-me ao lado do rei, é a primeira vez. Que emoção!

Habitualmente, enfrento os chatos de cinema com uma saraivada de pssssshhhts. Quando não funciona, peço, com educação, que calem suas bocas chatas. Só em último caso parto para o insulto, moderado. Jamais perdi a parada.

Desta vez, porém, sei que será mais difícil, e trato de lançar com vigor extra os pssshhhhhhhts preliminares, enfraquecendo as defesas do chato-rei. Então, dou-lhe a primeira e gentil estocada.

— Por favor, o senhor poderia fazer a gentileza de parar de falar?

A resposta me dá a certeza definitiva de estar diante dele: o chato dos chatos, o serial-chato, vulgo Jack, o Aporrinhador.

— Se você quer silêncio, por que não vai para casa ver DVD? Estou falando com a minha mulher, não está vendo?

— Tenho outra ideia: por que você não vai com sua mulher para casa conversar?

— Cara invertido! Fica fazendo pssssshhhht pssshhhhht toda hora!

— Farei pssssshhhht até vocês tomarem vergonha na cara e fecharem essas matracas!

Nas poltronas ao lado e nas fileiras próximas, o público já ensaia, também, uma salva tímida de pshhhhhhts. O plano está funcionando!

Aproveito para iniciar a terceira etapa, sussurrando, no ouvido do inimigo, palavras de efeito moral:

— Viu? Agora eu sou maioria. Cale-se, vai ser melhor para você.

Faço uma pausa e arremato:

— Parlapatão.

O chato contra-ataca, elevando a voz.

— Sem essa. Mude de poltrona. Vá para casa, dormir, e babar.

Preparo, então, o golpe final e decisivo:.

— Daqui não saio. Daqui ninguém me tira. Por mim, ficamos discutindo até o final do filme. Não tenho nenhuma pressa.

— Ótimo. Vamos ficar discutindo então.

— Vamos. Quer que eu interprete essa cena para sua mulher?

Ele faz menção de reagir com violência, mas, neste exato momento, um grande coral de pshhhhhhhts preenche a sala.

E, como em ápice trágico de ópera, uma voz de barítono sobressai:

— Filho da puuuuuuuuta!

O rei dos chatos treme nas bases. Sabe que sua situação é insustentável, que o povo está a meu lado. Enfim, rende-se ao silêncio. A anta-rainha idem. Durante o resto da projeção, percebo o sofrimento do casal: ela se contorce, ele crispa os lábios; ela coça a nuca, confusa; ele funga, magoado. Sinto pena, fico até com vontade de puxar um papo.

O filme termina, enfim, e eles se levantam. Empinando o nariz, o chato-rei (juro!) faz seu último pronunciamento, assim:

— Vamos logo para casa, querida, porque aqui não vai dar para eu explicar o final.

Vitorioso, assisto aos créditos, em um confortável e risonho silêncio.

O Anticabeça

Uma força ganha fôlego: o anti-intelectualismo. Seu porta-voz, o Anticabeça, está em tudo que é lugar, pronto para lutar por sua ideologia.

O Anticabeça é recrutado por uma força invisível, que diz: "Onde quer que estejas, filho, abomina todo refinamento mental, toda sutileza oratória. Destrói aqueles que elaboram o pensamento complexo e abre as portas para a felicidade simplificadora."

O Anticabeça odeia o raciocínio sofisticado e acredita que, para sobreviver, precisa exterminá-lo ou isolá-lo. Não pode haver diálogo entre as duas esferas. O mundo é pequeno demais para caber Cabeça.

O intelectual, na visão do Anticabeça, nada tem a contribuir para a construção de uma sociedade melhor: é o Cabeça, pernóstico, mentiroso, delirante, confuso, um chatonildo que se opõe à simplicidade do mundo.

O Anticabeça vomita diante de uma arte que não seja figurativa ou decorativa. Cospe, mesmo sem ouvir, em uma música cuja harmonia (palavra proscrita) seja um tantinho intrincada.

Acredita que a vanguarda não existe, que é sempre um embuste, e ignora a interdependência entre clássico e novo.

O Anticabeça diz "intelectual" como se fosse um palavrão. Ou então como se "intelectual" não existisse, fosse invariavelmente um picareta, uma praga.

O Anticabeça dorme na platitude e acorda no banal. Acredita que o medíocre sairá sempre vencedor. À noite, sonha com a uniformização de tudo em um grande show que não pode parar para pensar: a vida tem de ser um zumbido permanentemente alegre.

Nesse show não há lugar para a expressão da tristeza, da melancolia, da angústia como formas válidas: são sentimentos para se extirpar do coração antes de chegar à garganta, que devemos guardar nos nossos peitos, não encher o saco dos bons e simples com roupa suja existencial.

A existência, por sinal, não é uma questão a ser pensada ou exposta, crê o Anticabeça. A existência apenas "é". E ponto (porque se forem reticências, a coisa já fica muito complicada).

O objetivo final do Anticabeça é exterminar o Cabeça, que tem um poder de comunicação menor e pode encontrar dificuldades em defender sua dignidade e sua honra.

O Anticabeça segrega, e depois aponta o dedo para essa classe de degenerados, de inúteis, de incompreensíveis masturbadores mentais que nada têm a ver com o senso comum e, portanto, não devem ser levados a sério.

O mundo será melhor, mais direto, mais claro, mais divertido e colorido sem eles, os Cabeças, para perturbar.

Que fiquem encastelados em seus átrios abafados e cheios de teia de aranha.

X-Plainer

Ele nasce (e renasce todos os dias) da profundeza da descomunal ignorância humana.

É o herói, por um lado, dos burros e dos distraídos; e, por outro, dos que não são entendidos quando dizem o fino nem quando dizem o óbvio.

Zela inclusive pelos que acham que tudo tem de ter explicação, e pelos cartesianos galopantes.

O X-Plainer (pronuncia-se como "explainer", palavra inexistente em inglês que significaria "o explicador") não explica nada.

Não ensina, não dá esporro, não dá nota, não aprova, não reprova, não corrige, não esculhamba, não critica, não copidesca, não espinafra, não esculacha.

O X-Plainer só constata a piada incompreendida, a ironia rechaçada, a sinapse distraída, o dããããã nosso de cada dia.

Ele fica na moita até que seu nome seja evocado: "X-Plainer, socorro!" e "Chamem o X-Plainer!" são as formas usuais.

"Ó, X-Plainer, tende piedade!" é para os mais desesperados.

"X-Plainer, favor enviar *reply*" é um modo eficiente (e cínico) para o ambiente de troca de e-mails, onde metáforas e sentidos figurados diluem-se ainda mais.

Mas, qualquer que seja o modo de chamá-lo, o X-Plainer virá, o burro da hora logo saberá que dormiu no ponto, o inteligente da vez sentirá, de imediato, a sensação de não estar sozinho em um mundo de trevas. Porém, se o inteligente de ontem for o burro de hoje, não se enganem: o X-Plainer será evocado, impiedosamente, sem favorecimentos.

No final, o X-Plainer sempre abençoa a todos, burros e sábios, com a graça de sua divindade, promovendo a conscientização coletiva de que tanto a inteligência quanto a burrice são instâncias intercambiáveis.

Mas atenção, incautos: o X-Plainer não baixa, pura e simplesmente, como um santo doido ou um deus vingativo. É uma entidade imaterial que só existe se dela precisarmos. Se um dia a inteligência ou o saber tornarem-se valores obsoletos e a ignorância um valor absoluto, o X-Plainer ficará aprisionado em algum ponto esquecido do inconsciente coletivo.

Enquanto for evocado, porém, nem tudo estará perdido.

Luana Piovani no bar

No Jobi, todo mundo é figurinha fácil mas ninguém é famoso. Luana aparece pelas 2 ou 3, quando todos já estão mais para lá que para cá. Ela sabe que, mesmo reconhecida, faltam condições aos frequentadores de caminhar para pedir autógrafo.

Minha situação é mais difícil: vejo-me sozinho na mesa que fica exatamente de frente para Luana.

Luana cara a cara com meus olhos injetados de insônia, olhos de psicopata apaixonado empatando o papo de Luana com sua galera.

Nas outras mesas, pessoas acompanhadas levam seus respectivos leros na maior tranquilidade, sem prestar qualquer atenção a ela.

Tenho nas mãos o novo livro do Caetano Veloso. Mergulho na leitura para escapar ao embaraço. E filmo Luana uma última vez, profundamente, como se enchesse o peito de ar.

Coincidência louca, chego a um capítulo do livro em que Caetano fala do dia em que levou Luana à gravação e os músicos adoeceram de amor. Um mês de cama.

Outra coincidência: Luana, no bar, com a voz alta e empostada (dizem que é sempre assim) está falando sobre Caetano!

Que Caetano não bebe, que não adianta oferecer chopinho, ele recusa, que é o maior bebedor de diet cola.

Volto à leitura. Ler para esquecer.

"Longe do meu domínio, cê vai de mal a pior; vem que eu te ensino a ser bem melhor."

É Caetano, no livro, citando os versos de Paula Toller, que ele classifica de geniais por descrever o domínio absoluto que as mulheres findam por exercer. Fora do livro, Luana exerce sobre mim seu domínio, a meu despeito.

E caio no uísque, acendo cigarrilha (baiana), deixo a fumaça escapar lenta pelas narinas e pelo canto da boca. Que figura devo eu estar fazendo, fingindo que leio, que fumo, que bebo — que não a vejo.

Sujinho

"Eu vou tomar uma cerveja/uma cerveja no bar do Seu Miguel/cerveja da espuma branca/espuma branca como a barba do Papai Noel..."

O Bar do Seu Miguel — em cuja homenagem o refrão acima — não existe mais. No seu lugar há uma loja de conveniência.

O Bandejão, que ficava ao lado, acabou, e com ele foi-se o feijão com pregos e porcas que a gente comia sem reclamar e, admita-se, até com uma certa alegria. Ninguém morreu. Pelo menos não por causa do feijão de prego.

Em compensação, no outro extremo do campus da Praia Vermelha, o Sujinho, lendário ponto de encontro da rapaziada, continua muito parecido, senão idêntico, ao que era na primeira metade dos anos 1980: o balcão, a sanduicheira, os salgados na estufa, as mesas do espaço interno e as outras, lá fora, à sombra de uma grande árvore, um salgueiro, acho.

Tudo igual, até o tênue cheirinho de esgoto emanando do bueiro, que não chegava (e não chega) a suprimir a poesia do momento, pois a gente vinha beber ali depois de ter passado a tarde nos pátios internos da faculdade, com seus lagos ornamentais, sua vegetação intensa, seus labirintos de salas e corredores.

A tarde está baixando no *campus* na terça-feira de agosto de 2005, e a luz nas fisionomias jovens que lotam o Sujinho dá a tudo um relevo especial, de passado, até porque o pessoal não mudou muito o jeito de se vestir, atemporal e livre, moda que não é moda.

"Essa aí parece com a Maria Cláudia, altona, magra sorridente, aquele astral de gente muito boa", penso. "E esse? É a cara do Aversa, o argentino". "Epa, lá vem a Mônica do Bolo." "Ih, rapaz, olha o Clauze."

Mas aí me recordo de que o Clauze morreu. Aversa, o argentino, é hoje fotógrafo do *Globo*. E a Mônica do Bolo?

Soa um alarme, ouço uma voz imaginária que faz pensar no robô de *Perdidos no Espaço*. Só que, em vez de "Perigo, perigo", o robô repete: "Ca-lou-ras. Ca-lou-ras."

Sim, elas se aproximam do Sujinho, seguidas por novatos e veteranos, e minhas sinapses embebidas pela glória passada ecoam o refrão de um rock canalha que passava a galáxias de distância dos ventos politicamente corretos que logo soprariam: "Quero/ comer uma caloura/que seja virgem/que seja viiiiiiiiirgeeeeeeem!"

Por favor, não nos acusem de vileza, pois o que nos movia, jovens, além de um certo humor hormonal, era, muito mais que o machismo, o amor.

O amor, sim! Tanto que, empunhando violões, tambores e saxofones interrompíamos aulas importantes de semiótica e de epistemologia para evocá-lo (o amor) em valsa abolerada pueril, muito sentida e verdadeira: "O amor/é tão grande/é tão belo/tão sincero/o amor/ele é assim/um pedaço de mim/uma estrada sem fim nem começo/que virou meu coração pelo avesso/me dá um beijo/me dá um beijooooo amor/é tão grande..."

E começava tudo de novo, deixávamos a sala cantando, embriagados de cana e fumaça, e de varandas e pisos com tramas de losangos brancos e pretos, de paredes azulejadas, de altíssimas portas de madeira entre pátios sucessivos.

E logo ali, o Centro Acadêmico. Na primeira semana encontrei o Dudu entoando melodias que pareciam madrigais remotos, e aí entrou o ainda anônimo Bussunda, bermuda, descalço, camisa enrolada na cabeça, bradando, jocundo (mistura de jocoso com rotundo):

— Aqui só tem veado e comunista!

Logo percebi que o Centro Acadêmico da ECO (Escola de Comunicação da UFRJ) nesses early 80's estava desconectado do movimento estudantil universitário, que vivia o grande afã da retomada e reorganização.

Aqui e ali ouviam-se palavras de ordem, mas só queríamos saber de desordem (estritamente pacífica), música, invenção, e, sobretudo, de rir da pretensa seriedade dos caretas da direita, dos estafetas da esquerda e dos "pseudos", abrigando-nos em uma doce anarquia intelectual.

Esse espírito, que envolvia diferentes períodos letivos, foi invadindo tudo, das salas de aula à diretoria, enlouquecendo ou catequizando professores, desmoralizando eleições internas através da criação de chapas absurdas como a lendária Esfaqueie Sua Mãe.

Essa turma fez das Chopeladas (peladas com chope, óbvio) eventos tão importantes quanto a Copa do Mundo, e do Show do Imprensão um acontecimento que faria Woodstock parecer um sarau do Gimk. No Show do Imprensão eu vi, depois de mais uma apresentação dos Cavaleiros do Após-Cálice, um tal de Henrique tocando Tristão e Isolda no violão, e, em seguida, o nosso amigo Urubu expulsando-o da cena energicamente.

O "violeiro de Wagner" reagiu, como um Caetano:

— Burros! É o que são! Todos burros!

Sentado no assoalho de madeira poeirenta eu tendia a apoiar o Henrique mas desconfiava de que o Urubu podia estar com a razão. Até hoje não cheguei ao veredicto.

A sala onde acontecia o Show do Imprensão está agora tomada por sei-lá-o-quê, laboratório de publicidade, ou departamento de xerox avançada.

Anoitece. Miro a porta de saída no fim do corredor, de onde vem um resto de luz crepuscular. Do retângulo iluminado surge um vulto.

Caminha desajeitado, torto, cabelos em desordem. Distraído, amalucado, carrega nas mãos a carteira e as chaves. Antes que seja tarde, dou meia-volta e fujo pelo corredor lateral, evitando o encontro comigo mesmo.

Nosso tempo com Bussunda

Fala, Bussunda. A última vez que conversamos direito faz ano e tanto. Foi no Sujinho. A gente tinha participado, juntos, de uma mesa de ex-alunos da ECO, onde convivemos por tantos anos, quase diariamente.

O Chacal e a Fátima Bernardes também participaram do evéeeinto em auditório, mas na hora de beber fomos nós dois e uma rapaziada nova, esvaziamos um engradado. Santo Bussunda, judeu-ateu-hedonista, não ia deixar por menos.

O bonito daquela tarde foi que a garotada de hoje falava sobre o nosso tempo de ontem, fatos épicos, Show do Casarão, Chopeladas, Fortaleza no ônibus do Brizola, Floripa, Overdose/Esfaqueie Sua Mãe. Fatos que formavam, já, uma saga inteira, transmitida à nova geração

E não eram só os nossos nomes, mas os de toda a turma que andou por ali com afinidades. Ali, para a meninada, importava menos o Bussunda-celebridade e mais a raiz que você conosco plantou nos corredores de losangos, nos pátios e jardins internos estilo francês, nos laguinhos, no gelo do azulejo, nos futuns do Centro Acadêmico.

Suzy, aliás, foi lá em casa e trouxe fotos, você nelas, uma de cuja existência sequer desconfiava: nós dois no palco. A *Casseta* já engatinhava mimeografada mas você tocava na mesma banda que eu, ou melhor, cantava, dançava, mandava "solos de cubo mágico", a gente gostava de dizer que você era o "joker".

E era mesmo: um dia despediu-se da banda e foi alçar carreira de humor com gente de outras galeras, São Vicente, Engenharia, e, mais lá atrás, movimentos sionistas de esquerda (neto de imigrante polonês fugido da Europa, ele ganhou o apelido Bussunda na Kinderland, colônia de férias do movimento).

Mas, Casseta à parte, você continuou conosco, fiel, naquele tempo podia-se quase morar na faculdade, e a Praia Vermelha era um paraíso para o livre-pensar, putzgrila, a galera fez uma revolução lá dentro, Muniz Sodré pirou.

Aliás foi engraçado ver Muniz todo sério, prestar homenagens a você naquele encontro da tarde com a garotada da ECO, era só você abrir a boca para o auditório cair de ovações, principalmente quando disse que naqueles corredores encontrou a noção mais aguda da igualdade entre os seres, pensamentos e origens, conheceu um Rio maior-melhor, para além da Zona Sul, e dali viria parte importante na maturação da sua arte — a arte de ser Bussunda.

Naquela mesa com a garotada alguém perguntou se afinal você foi ou não jubilado da ECO, pois passou ali infindáveis anos, não lembro da resposta, mas se me perguntassem de novo eu diria: "Bussunda, jubilado?, como é que se pode jubilar o sujeito que é motivo de júbilo por onde passa?"

Estava mais para Bussunda jubilar a faculdade e ficar só ali, primitivo guerreiro de grandes pés e pança peluda, de longos cabelos ondulados ora trançados ora cobertos por um gorro colorido, o short Adidas desbotado, sandálias velhas, sorrisão dentuço que fazia olhos fecharem de tanto gozo pela vida e de tanto amor pela gente toda que teve o privilégio de amar e ser amada por você.

Beijo para ti e para os que foram, Pretinho, Marconi, Felipe e Daniela. E, se reencarnarmos todos um dia, marcado está aquele cafezinho em Amsterdã, Amém.

O Ciclista da Madrugada

Assisti, por recomendação do amigo Urubu (que não é flamenguista, mas vascaíno), ao reality-show americano *Who wants to be a superhero?*, apresentado por Stan Lee, criador do Homem-Aranha.

No programa, pessoas comuns — a mãe quarentona gorducha ou o trintão adolescente — vestem trajes e vivem identidades de heróis: com apoio de profissionais, aprendem a ser dublês, enfrentam situações-limite ("voar", defender-se de um cão louco, dar porrada em bandido) e são filmados em ação com direito a efeitos especiais.

No episódio, a mãe gorducha (a heroína Fat Momma) e o trintão bobo (o superbobão Feedback) testam seus poderes, conversam com Stan, assistem a si próprios sobrevoando Nova York e contam suas vidas em sessões de superanálise.

Na grande final transmitida direto de Holiú, Stan Lee anuncia que Feedback, o superbobão, é o vencedor.

Decepcionado com o resultado (torcia por Fat Momma), levanto dum salto, visto a bermuda e a camiseta verde-musgo sem manga, calço os chinelos de borracha e corro a passos largos até o elevador, pousando em segundos na garagem, onde minha super-calói com amortecedor e freio a disco está a postos.

Desço como um raio a ladeira da garagem, transponho como flecha os paralelepípedos do Alto Leblon e, às 2:30 da matina, baixo no Baixo Leblon. Munido de um dever de alta responsabilidade, faço um pit-stop no posto de gasolina da rua Bartolomeu para calibrar os pneumáticos de liga de alumínio.

Ouço um chamado.

— Vejam! É o Ciclista da Madrugada!

São Joca e Zé Milho, amigos quase tão velhos quanto Stan Lee, com suas mulheres. Na vã tentativa de me sacanear, Joca e Zé Milho dão à luz e batizam, sem saber, o mais novo super-herói das Américas.

— Adeus, amigos — respondo, ainda na pele de Arnaldo. E, já transformado, sigo rumo à praia, tomo a ciclovia e dum tiro vou até o Arpoador.

Retorno naquela marcha tranquila e vigilante cuja cadência só os heróis conhecem. De volta ao Baixo, estaciono no BB e ligo para Urubu, ansioso por contar as novidades. Ele acorda ofegante.

— Urubu! Você não vai acreditar! Agora sou o Ciclista da Madrugada!

— Arnaldo, são 3 da manhã, porra.

— Quem é Arnaldo?

— Tá bom, Ciclista. Agora você já pode se inscrever no programa do Stan Lee — e bateu o telefone.

Para recarregar as baterias, compro um Gatorade e, garrafa e canudo, irrompo no Jobi. Ao topar com tal espectro de saúde suarenta, Narciso, português no caixa, faz o sinal da cruz.

— Gatorade aqui no Jobi, Arnaldo?

— Quem é Arnaldo? — e sigo impávido para uma mesa de fundo, onde por longos minutos reflito: para estar à altura do lendário Stan, urge escolher um nome em inglês.

Night Cyclist? Cyclist of Dawn?

Biker?

Night Biker!

Poderes: andar de bicicleta de madrugada no Rio de Janeiro.

— Você não tem medo de ser assaltado? — perguntarão.

Responderei com um sorriso condescendente.

— Ora, meu senhor, minha senhora, quem iria se dar ao trabalho de assaltar o único ciclista a sair àquela hora? Uma quadrilha de ciclistas, alerta, em perseguição cinematográfica? Muito mais fácil serrar cadeado durante o dia, arrancar banco, desaparafusar roda.

Na mesa ao lado, um pessoal conhecido começa a zombar de minha figura expansiva.

— Puxa, Arnaldo, você veio de bicicleta a essa hora?

— Puxa, Arnaldo, você está tomando Gatorade no Jobi?

— Puxa, Arnaldo, você está suado, de chinelo, bermuda e camisa sem manga num boteco pensando na morte da bezerra?

— Quem é Arnaldo? — respondo, sem ceder.

Mas sei que fui desmascarado. *Night Biker*, que discretamente rasga o asfalto nu da ciclovia nas mais silenciosas e brumosas horas, não passa de um nerd exibicionista. Mais fácil seria vir logo, com o sobretudo, subir em uma das mesas e, ao som de "Sandra Rosa Madalena", desembainhar a espada.

Volto para casa empurrando a bicicleta como uma cruz. Tomo uma chuveirada gelada, esfrio a cabeça e volto, por ora, a ser Arnaldo.

Antes de adormecer, penso com carinho em meus amigos e em seus estranhos nomes: Urubu, Minhoca, Garamba, Kokó, Meretríssima, Raposa, Zé José, Arquiduque, Affonso-Brinho, Tatá-Bumbum, Gonza-Boi, Pedro Hippo, Prupru, Puti-Puti, Traz-o-Short, Xatto, Glauber, Cris Traveco, Tigresa, Homem-Túnica, Belluco, João da Patuleia, Viabo, Sílvio Barrigudo, PCVU, Gordo Reacionário e Sérgio Pança.

Dou um tapa na têmpora ao enxergar o óbvio:

— Putzgrila... Somos todos super-heróis!

O professor Igor

Dos anos pré-vestibular, só me recordo do professor Igor, de literatura, de cujo sobrenome não me lembro, não sei por onde anda, nem se está vivo. Era alto e corpulento, e tinha uma barba gigante que podia ser de rabino ou de bicho-grilo, segundo as referências que eu tinha na época. Hoje penso que poderia ser, perfeitamente, um guerrilheiro.

Gostava das aulas do professor Igor não apenas pela afinidade com o assunto, mas pela aura de dignidade e caráter que vinha daquela barba, e da expressão que, mesmo séria, deixava uma esperança de sorriso.

Um dia o professor Igor passou para a turma a leitura do "Poema sujo" e, na aula seguinte, perguntou o que Ferreira Gullar queria dizer com os versos "a cidade está no homem/quase como a árvore voa/no pássaro que a deixa".

Fez-se o maior silêncio, e pensei: o livro tem uma porrada de imagens difíceis de interpretar, mas essa, sinceramente, eu entendi. Pedi a palavra e expliquei sem grande brilho, mas com alguma lógica.

— Acho que, como o livro fala das lembranças da cidade natal, ele quis dizer que, da mesma maneira que um pássaro leva alguma memória da árvore que deixou, o homem também carrega a cidade quando a deixa.

Antes que o professor dissesse qualquer coisa, um colega lá de trás forjou um gritinho histérico com o qual pretendeu satirizar o meu arroubo de (*ugh*) sensibilidade. A cara de Igor se transformou num buraco negro. Se estivesse ali com seu fuzil, era *paredón*.

Mas, em ambiente escolar, Igor usou das armas disponíveis.

— Para Arnaldo, um ponto na média. Para fulano, menos um ponto na média.

O fulano vivia a me pentelhar, mas, justiça seja feita, nessa ele *sifu* tanto que até veio se desculpar pessoalmente, com um riso cretino. O que não o impediu de continuar a me azucrinar até eu deixar a escola.

Hoje nos damos bem, e nem sei se ele se lembra disso.

Em outra aula, o professor Igor, que gostava de contar um pouco de sua vida aos alunos, disse que morava em um apartamento pequeno e tinha uma empregada que ele adorava.

— De vez em quando digo: "Maria, larga a cozinha. Hoje sou eu que faço a boia. E vou servir a você na cama."

Foi quando uma colega, lá atrás, o interrompeu.

— Mas eu não acho isso certo. Afinal, você paga para ela trabalhar.

Eu, que tinha achado bacana essa coisa de trocar de lugar com a empregada porque deu na veneta, fiquei chocado com a reação de minha colega. Não pelo que ela afirmava, o óbvio, pô: todos no sistema capitalista estão cientes das bases da relação patrão-empregado.

O espanto era com seu pânico de compreender que um ato de generosidade, de consciência ou de afeto não destrói o contrato de trabalho. Ao contrário, deixa claro que, mesmo quando o dinheiro apita, pode haver amor. Ou, ao menos, empatia.

Do choque dessas duas visões compreendi naquele dia os largos abismos que separam seres de uma mesma espécie, *homo sapiens*, o homem moral, que reivindica o topo da evolução.

Para terminar a crônica com um registro menos sensível, agradeço também ao professor Igor quando dei um soco na cara do Fulano (incomum, pois eu era mais de apanhar).

O mestre barbudo apareceu sabe-se lá de onde e disse:

— Muito bem. Bom soco. A babaquice já estava passando dos limites.

Obrigado, professor Igor. Onde quer que esteja, deixo aqui meu abraço pelos exemplos de dignidade que me transmitiu, luzes para atravessar esses tempos em que quase tudo se resume em dinheiro e ascensão.

Gripe Tribalista

Vivia contando vantagem.

— Não fico gripado há anos.

Enquanto isso, o mundo ao redor gripava-se compulsivamente. Até uma amiga francesa de passagem pelo Rio tremia de frio.

— O outono no Hemisfério Sul, *c'est terrible*.

Até que tudo desabou num sábado. Hard Rock Café, pista para *teens*, aniversário de 30 de uma amiga.

Pedi um milk-shake de baunilha suntuosamente gelado e cremoso, lembrava o "five dollar milk-shake" de Travolta em *Pulp Fiction*, incluindo o sonho de comer a Uma Thurman de sobremesa.

Animei-me. Nas TVs espalhadas pelas paredes, passava o tão criticado episódio dos *Simpsons* no Brasil, sem áudio. Doidão de *umashake*, aplaudi de pé quando Bart Simpson é engolido por uma jiboia em pleno Rio de Janeiro.

— Isso é um retrato fiel do país! — gritei, de pé.

Foi quando ouvi, da pista, o refrão de "Velha infância", dos Tribalistas, vitaminado com um pancadão *dance*: "Eu gosto de você [TUM TI TUM] eu gosto de ficar com vocêêêêêêê [TUM TI TUM] você é assiiiiiiim [TUM TI TUM]."

Escureceu. O crânio latejou. A garganta consumiu-se em chamas. E uma fraqueza imobilizou o corpo.

Já sentira os sintomas, brandos, na aula de pilates, onde não paravam de tocar as canções dos Tribalistas.

Foi assim também na espera da análise, em táxis e na redação, onde as coleguinhas viviam cantarolando "soudeninguém" e "beijádelíngua".

Sem que me desse conta, os tribalistas se haviam incorporado ao Cosmo, eram como o nascer do sol, o cair da chuva, um assassinato no Leblon.

Mas foi no Hard Rock Café que a gripe bateu mesmo. O remix *dance* deu a exata noção de como um disco do qual a gente gosta se transforma em um vírus banal e perigoso, um *jingle* das Casas Pernambucanas, um hit da Kelly Key. Era a ficha que faltava cair para que eu caísse junto, gripado, acometido por meses de Tribalistas na cabeça, latentes, minando as defesas.

Segunda-feira venci o bode e fui ao Municipal assistir a uma orquestra italiana (com participação do Nelson Freire).

Sempre abominei os que tossem durante um concerto, mas desconfio que, no Rio, o culpado é o Municipal mesmo. É o teatro mais frio do mundo, um gigantesco iglu afrancesado no meio da Cinelândia.

Na fila de trás, uma senhora com a filha urrava:

— Olha o Nelson Freire! O Nelson Freire! Ele vai tocar piano! Olha o piaaaaaanoooo, filha!

Quando Nelson entoou os primeiros acordes, a menina resolveu manipular seu plástico de jujuba. Duas senhoras que me ladeavam resmungaram, e, para completar, tive um acesso de espirros, mal abafados pela mão em gancho no nariz.

Nos intervalos entre os espirros, o que pude ouvir do concerto de Chopin para piano e orquestra pareceu-me uma tediosa xaropada ornamental.

Terminado o concerto, o pedido de bis foi tão ruidoso, que assumiu um caráter tribal, o público e os músicos batendo os pés.

Nelson, sem modéstia, olhava além do tempo, como um tótem, entidade sincrética, pianista tribalista ("pibanista" ou "pibalista").

Se, por influência de Exu, ele tocasse mal, ou resolvesse trocar Chopin por Zezé di Camargo, a audiência viria abaixo.

Em sinal de protesto, fiquei sentado, aplaudi burocraticamente e fiz cara feia.

Atrás, a mãe dizendo à filha:

— Olha o piano! Ouviu o piano, tchutchuquinha? Ouviu o Nelson Freireeeeeeeee? O pianooooooooooooooooo!!!!!!!!!

Depois do intervalo, veio Brahms com a *Sinfonia em dó menor*. Sem Nelson e sem mãe, reconciliei-me com o prazer, mas não com a saúde: os espirros se sucederam, às dezenas.

Ao fim do programa, uma das senhoras a meu lado perguntou polidamente:

— Como você consegue abafar espirro? Eu nunca soube como se faz.

— Ora, é só apertar o nariz com a mão, minha senhora.

— E para onde vai o espirro? Por onde ele sai? Tem de sair por algum lugar!

Eu ia dizer coisa feia, mas me contive.

— Não sai. Vai direto para a cabeça e fica lá.

— Que horror! — ela respondeu, cobrindo o rosto com as mãos.

Fiquei satisfeito com a reação, que, em certa medida, compensava meu calvário gripal.

Que, desde então, só fez piorar.

Stones no botequim

Quando os Stones começaram a tocar em Copacabana desliguei a televisão e desci as duas ladeiras, do Alto ao Baixo Leblon, indo parar no Jobi.

Nas três TVs instaladas no bar, Mick Jagger serelepeava. Achei bacana essa mistura de rock e boteco, mas resolvi, assim mesmo, implicar com Narciso, que, no caixa, papeava com um sujeito.

— Pô, Narciso, Mick Jagger no Jobi?

O sujeito, meia-idade, meia careca, interpelou.

— Peralá! Pagamos muito caro para ter Rolling Stones em botequim!

E começou a aplaudir entusiasticamente os dinossauros na televisão:

— Maravilha! Maravilha!

Voltando-se para mim, reforçou a apologia:

— Que beleza isso para o Rio. Como ia ser triste se esse show não desse certo!

Foi quando baixou, em mim, o espírito do "grande aporrinhador".

— Sempre preferi os Beatles.

— Isso é vida! Energia! Rock clássico nos bares do Rio!

Calibrei as cordas.

— Isso é apenas um show.

— Quer dizer que você vai ver Chaplin e, no fim, dizer "isso é apenas um filme"?

— Você está comparando Mick Jagger a Chaplin?

— O *riff* de "Satisfaction" é universal! É uma abertura de 5ª de Beethoven!

— Não sacraliza. Mick Jagger censurou refrão no *Superbowl*.

Ele abriu um sorriso de escárnio.

— Ah! Agora entendi! Você é o ideólogo! O ideólogo! Muito prazer!

Hora do chumbo grosso.

— Esta é a desgraça: qualquer sinal de rebeldia e o cara é ideólogo. Roqueiro censurar rock virou banalidade.

Ele não disse mais nada. Pagou o chope e foi embora. Narciso olhou para minha cara com uma não expressão.

— Beber o quê? — perguntou, elegantemente.

Tive ânimo para uma água mineral. Sem gás.

— Pô, a gente nem pode mais ter uma opinião que o cara fica uma fera!

— Pois é — respondeu Narciso olhando de lado.

— E quem era o sujeito?

— Não conhece? — espantou-se. — É o Abel Silva.

— O poeta? Letrista?

— Gente boníssima.

Tive de me sentar: eu pusera água no chope de Abel Silva, o homem que escreveu os versos de "Simples carinho" e foi meu professor de faculdade! Um chopinho na goela, e ponderei, com a tulipa vazia: "Bom, foi apenas uma conversa de botequim." Animado, fui ao álcool.

— Paivinha, suco de laranja com vodca, por favor, olha o choro, não deixa o português abafar o choro!

Sentado de costas para a TV reparei, na mesa à frente, uma galera cantando "Start me up" enquanto os Stones cantavam outra coisa.

Só sabiam de cor aquela letra, então, cada vez que os Stones atacavam de música nova uma mulher se levantava e atacava de "Start me up", no que era seguida por súditos bêbados que queriam comê-la.

"Que loucura isso", pensei, já me divertindo. Deu até fome.

— Paivinha, sai um bife à *parmeggiana*?

— Com um purezinho, Arnaldo?

— Claro! Claro! Um purezinho!

— E um chopinho?

— Pequeno, geladinho, depois do *hi-fi*.

Paiva foi lá, comandou e voltou para conversar.

— Vou dizer uma coisa: o cara toca bem, tá velho e mandando toda essa brasa, mas é tudo em inglês, não entendo porcaria nenhuma, vou ficar pulando? Pô! Nosso sambinha dá de dez.

— Tudo bem, Paivinha, mas é bacana, é bom para a cidade — tive a cara de pau.

— Ah, isso é — ele concordou, e foi. E veio o filé, e veio o chopinho.

Caderno
Seleção de fotos e desenhos publicados com as crônicas em jornal: um experimento cotidiano de fusão entre texto e imagem*
ilustrado

"O Ciclista da Madrugada"

*As imagens não creditadas são de Arnaldo Bloch

Marcelo Monteiro

"Nem todo trem vai para Auschwitz"

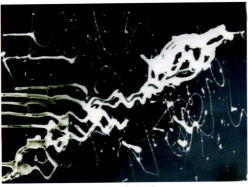

"Zoide '64"

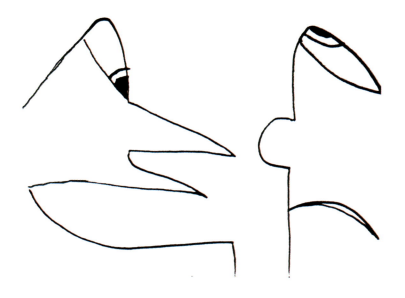

"Falotário"

"Asas ruivas"

"A casa dos avós"

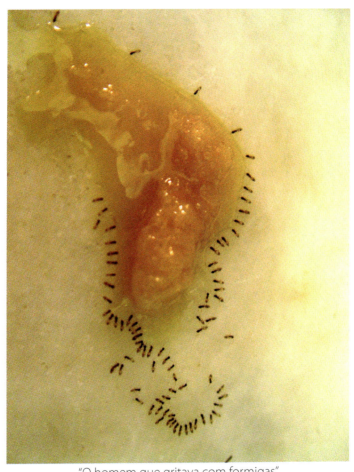

"O homem que gritava com formigas"

"O judeu alvinegro"

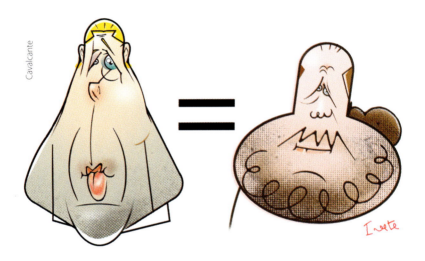

"Brad Pitt pra Ivete ver"

"Os Arnaldos"

"O porteiro lá de casa"

"O chato do cinema"

"A vida é bola"

"Luana Piovani no bar"

"Não há rosas"

"A Obra"

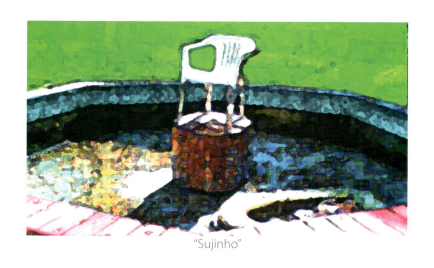

"Sujinho"

"O Leblon virou mar"

"Nosso tempo com Bussunda"

"Fashion é nu"

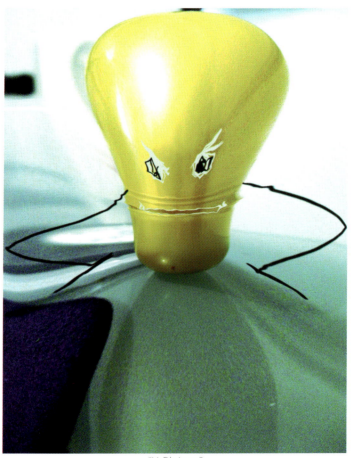
"X-Plainer"

"Gripe Tribalista"

"Somos todos fundamentalistas"

"Mãos de pai"

"Só olhando"

"O professor Igor"

"Torpedos"

"Visita ao purgatório"

"Ayahuasca"

Um cara perto da varanda comentava com um amigo tudo que acontecia à volta. Fazia sociologia barata sobre o gestual das mulheres, ria de um homem com barba de profeta, achava incrível como as coisas são, aquela vã filosofice comportamental alcoólica.

Achei curiosa, embora chata, a conversa, até perceber que, a certa altura, eu era o alvo.

— Olha só o cara aí do lado, pediu o maior filezão e comeu tudo. Saca o estilo: agora tá derramando azeitinho no purê. Azeitinho no purê! Que beleeeeeza!

Poderia ter me aborrecido mas estava achando graça, e para comemorar a volta do bom humor pedi uma cigarrilha, um café, uma bagaceira. Mas o sujeito havia mesmo cismado comigo.

— Ih, olha lá o estilo: charutinho, cafezinho, digestivo e o azeitinho no purê... muito chique, muito sofisticado.

E assim foi terminando a minha noite, e, na TV, "Satisfaction" terminava junto. Fui.

No dia seguinte telefonei para Abel Silva. Falei de nosso encontro no Jobi.

— Ontem à noite? Não me lembro de nada! E também não conheço sua cara!

— Eu era o cara que empatou seu chope e seu show.

— Que nada. Eu depois fui para a Guanabara e fiquei lá explicando pra uns cearenses a importância dos Rolling Stones.

— E eles se convenceram?

— Sim e não.

— Entendo.

— Então, até qualquer hora.

— Até qualquer hora, professor.

Os Arnaldos

— Arnaldo.

Repetia indefinidamente até o nome soar mais absurdo e feio do que era, nem Armando nem Ronaldo, arremedo de nome.

Olhava o espelho e julgava que todos os Arnaldos, por mais diferentes que fossem entre si, tinham a mesma cara — de Arnaldo — como o do anúncio na TV, balofo, bigodes em vassoura, riso imbecil de publicidade.

"Arnaldo... vais comer um estrogonofe...!", e nisso resumia-se a missão do infeliz do anúncio, bem como a de todos nós, Arnaldos.

Desde cedo, na escola, as piores expectativas se confirmaram no primeiro apelido: "O bolha".

Variações surgiam todos os dias.

— Olá, Arnóbio.

Que diabos era "Arnóbio"?

— Arnóbio é você. Não tem explicação.

Depois, na alvorada das acnes com pus:

— Falaí, cara-de-tronco-de-árvore!

Andava isolado, quieto demais, e logo inventaram outra alcunha:

— Urso Polar está hibernando.

E a calça, dez centímetros mais alta que o limiar da bainha?

— Fala, Siri.

A bainha foi consertada, ficou um primor, mas não tinha jeito: era só passar para ouvir, em coro.

— Que siriiiiiiiiiiiiiiiiiiiiiiii!

Chegado o inverno siri entocou-se e Urso reassumiu, abreviado, casual:

— Tudo em riba, Polar?

E veio a faculdade. Que período fértil! Com Arnaldo Brócolis e Arnolfo, a rapaziada pegava leve. Mas Analdo, Asnaldo e Arnaldo Brocha deixariam marcas.

O mulherio refrescava: Naldinho, Naldo e, no verão, Arnaldão.

Então veio o redentor e engenhoso Arnoch Blaldo, até hoje em voga.

Isso sim era um apelido! As sílabas invertidas disfarçavam, simultaneamente, o Arnaldo e o Bloch, nome feio e nome de família, dois estigmas numa cajadada só. Era o nome puro, ideal, elevado à esfera do absoluto.

E soava bem: "Arnoch Blaldo, amigo da rapaziada."

Graças a ele, Arnoch, hoje sei que os Arnaldos são legais. Sei também que há muito mais Arnaldos no mundo do que suspeitava, e que os Arnaldos são sempre figuraças, Antunes, Jabor, Batista, Coelho, Cohen.

O mundo dos Arnaldos, apesar das arnaldices de praxe, é bem eclético, e eu iria com orgulho a uma Convenção Internacional de Arnaldos, se tal evento fosse convocado.

Até o Arnaldo do anúncio na TV ficou simpático e aceitável.

Afinal, o que há de errado em sorrir diante da perspectiva de um baita estrogonofe?

Pânico no Metrô

Vi a morte de perto. Não por uma experiência mística ou filosófica. Foi na pele, mesmo. No Metrô, aquela concessão estadual explorada por uma empresa privada. "Privada", aliás, é a palavra perfeita.

Os fatos: fui, de táxi, a um encontro no Centro. Ao sair, caía o temporal. Comprei um guarda-chuva e, abrigado pelas marquises, me refugiei em uma casa de galetos.

Quando, lá pelas 17:30, a chuva acalmou, deixei o restaurante e, na impossibilidade de achar táxi, decidi pegar o metrô e saltar na Praça Onze, perto do jornal.

Caminhei até a Cinelândia e desci as escadas. Apesar da fila longa, tudo correu bem: em vinte minutos passava as roletas, rumo ao trem. Estava lotado, mas ainda havia espaço. Achei meu nicho e aguardei, após uma boa demora sem aviso, a partida.

Mal sabia que o pequeno aborrecimento era a prévia de um pesadelo. O disparate, o descaso, o despreparo para lidar com imprevistos, a iminência do crime contra o público, aconteceriam na estação seguinte — Carioca.

De um lado, as portas se abriram, mas poucos saltaram. Do outro, uma avalanche de usuários despencou no trem, entre gritos de exaltação e de medo. O influxo se seguiu por pelo menos 20 segundos sem que qualquer tentativa fosse feita pelo condutor de fechar as portas (se é que ele as devia ter aberto). A multidão continuou a pressionar até o fim.

Dentro, o terror: com dificuldades de respirar, jovens, idosos e mulheres eram comprimidos contra as paredes do trem, no limite do esmagamento. Mais alguns segundos de influxo e teriam começado os desmaios e, talvez, as mortes: o mesmo tipo de mortes que vemos em estádios de futebol, em grandes funerais, ou em outros colossos populares.

Dessa vez o trem se moveu logo. Mas não por muito tempo: assim que entrou no túnel, freou violentamente, e uma pane elétrica tirou-nos a luz e a ventilação. Ao protesto coletivo seguiu-se um silêncio tenso, cortado por sussurros de apaziguamento ou tentativas de humor, para espantar a perspectiva de se ficar indefinidamente em uma lata de sardinhas, sem movimento e sem ar.

Os minutos foram passando. Insensível à agonia dos passageiros, o condutor assegurava-se de que nenhum aviso, nenhuma explicação, viesse dos alto-falantes. Dane-se o usuário. Dane-se o idoso aqui ao lado, com os olhos arregalados. Danemo-nos todos, e aguardemos nossos destinos.

— Nunca vi isso. Na moral. Nem no trem — disse o rapaz.

— Isso é crime. Deixar lotar assim. Vou saltar na próxima de qualquer jeito — respondi, um ganido, com o pescoço pressionado.

— Fica ligado — advertiu o rapaz. — É desse lado aí que vai entrar boiada dessa vez.

Minha espinha gelou, apesar do calor crescente. Por uma desgraça do acaso, eu me encontrava do lado errado do trem (e como é que eu ia saber?). Se a próxima leva de passageiros fosse tão exaltada quanto a anterior, e se, do outro lado, mais uma vez, não saltasse muita gente, a situação podia piorar. Eu estaria ali.

"É assim que se morre, um dia, em uma tragédia inesperada. Minha família ia entrar com um processo contra o Estado, o consórcio e a inútil agência reguladora. Não sei se receberiam a indenização. Sei que estaria na cova, por ter confiado no Metrô, nosso orgulho." Eram essas as minhas reflexões quando a luz e a ventilação voltaram e o trem prosseguiu. No total, mais de 10 minutos. Repito: sem uma única satisfação, nem uma palavra sequer.

Com o trem em movimento, o condutor limitou-se a dar um esporro nos passageiros, pelo fato de alguém ter feito soar o alarme, pois parecia que, em outra estação, havia uma emergência. PQP! E a nossa situação? Não era emergencial?

"Não me apresentem a esse condutor. Não me apresentem a administradores do Metrô-Rio. Não sei do que eu seria capaz", pensei, tomado por ânsias de ultraviolência.

O trem seguiu e aproximou-se da estação seguinte — Uruguaiana. Estufei, então, o peito, contraí todos os meus músculos.

— Vou sair daqui de qualquer jeito. — A plataforma estava apinhada. — Não vou morrer nesta joça.

— As portas se abriram e lancei-me à saída aos berros, usando todo o repertório de ameaças, palavrões e insultos, os punhos cerrados na direção de quem ousasse se aproximar de mim ou tentar forçar a entrada.

Se necessário, partiria para cima, lutaria, corpo a corpo, pela minha vida. Atrás de mim, o senhor idoso, e mais uns passageiros em fuga pelo "lado ruim" repetiam minhas sentenças, como ecos. Em certo momento, fez-se um pequeno clarão e conseguimos escapar.

— Isso aqui é a roça! A roça! — esbravejou o idoso, quando já estávamos subindo a escada para encontrar a liberdade.

— Não senhor. A roça é a civilização. Aqui é o inferno, a masmorra, a barbárie, a infâmia.

Ele concordou. Ganhei a rua, ainda gotejante de uma garoa final, no coração do Rio. Camelôs cibernéticos voltavam a vender DVDs de sacanagem, tendo ao fundo música sertaneja.

O Rio, o Brasil, estava de volta, vivo, e eu também. Senti uma alegria. E caminhei, aliviado, os dois quilômetros dali até o jornal.

O anjo do farol

Todo mundo que já saiu de casa, ou do túnel, com o farol do carro aceso de dia, conhece o anjo do farol.

É um cara, uma moça, um menino, uma velha, de pé na esquina, no volante do carro que passa ao lado, ou a pé na calçada, que dá o aviso: mão abrindo e fechando, tipo pisca-pisca, tá ligado?

Tá.

Então desliga, uai.

O anjo do farol nunca falha: está sempre no lugar certo na hora certa. Ele é qualquer um e é todo mundo. Pode ter cara de anjo ou de malandro. Ser cumpridor das leis ou infrator. Algoz ou vítima. Mocinho ou bandido. Limpo ou corrupto.

Mas não há de faltar em sua missão: seguir a rota de seu carro até onde o pescoço aguentar, certificando-se de que a mensagem foi entregue e o farol, ufa, apagado.

Se o motorista perceber e agradecer com o polegar em "positivo", o anjo responderá. E um elo cívico estabelecer-se-á entre os dois, para além da cidadania.

Curioso é que a mesma pessoa que o salvou do farol aceso pode ser aquela que, numa outra esquina da vida, afanará sua carteira, sua mulher, sua honra, sua alegria.

Pois nada garante que, na fogueira das vaidades, o anjo do farol seja amigo bom, leal e justo como o foi um dia, naquele encontro fortuito.

De onde nasce o anjo do farol? Talvez habite a crista de um ciclo de tempo e espaço onde mora a reserva última do bem.

Ali, há um acordo tácito: não importa quem sejas, o que faças, por onde andes (e com quem), quanto tenhas na conta (ou fora dela): aqui, nesta instância, somos iguais. Eu o ajudo, você agradece, seguimos mais leves, sem esforço e sem comprometimento maior. Pois não há tempo de conhecer-te, de misturar minhas mazelas com as tuas, de compartilhar teus pecados e tuas culpas.

É um dízimo fácil, automático, cotidiano, que se pode oferecer sem gastar dinheiro, bastando ter olhos para ver e mãos para sinalizar, contribuindo, assim, para a conservação geral de energia.

Outra hipótese, na linha do *gestalt*: o anjo do farol precisa que o motorista apague a lanterna para restabelecer a ordem natural das coisas, "completar" a lacuna que falta, corrigir o quadro torto ou a ponta do tapete. Senão, ele enlouquece.

A última hipótese resvala no terreno da política: a da presença coercitiva ou doutrinária do Estado.

Estando todos sujeitos aos olhos da lei, avisamo-nos uns aos outros deste pequeno deslize para que, esquinas e quarteirões adiante, nossa placa não seja anotada.

Sejam quais forem os motivos, o anjo do farol é, talvez, na saga das aventuras urbanas, o único ator social infalível. Um herói dotado de ubiquidade, capaz de estar em todos os lugares e de não estar em nenhum, ao sabor do ir e vir das lanternas acesas, e do sol.

À noite, o anjo do farol recolhe-se, sentindo-se absolvido, e as ruas, indefesas, se iluminam, à revelia.

Esmola

Onde estou? Desconheço minha cidade, preso ao cômodo circuitinho do Leblon. Mas tenho orgulho de dizer: minha casa não é cercada de grades e meu carro vive de janela aberta, braço pra fora, sentindo o vento dos dias frescos. A culpa é forte. Para compensá-la, o velho jeito: esmolas, quando vale a pena, o sofrimento é flagrante e o esforço, merecedor. Ou quando, simplesmente, vou com a cara do sujeito, ou da sujeita.

Não sinto, com isso, como dizem por aí, que estou estimulando o ócio e a miséria — lugar-comum entre os que preferem dar as costas, levantar o pescoço com enjoo e acelerar o carro em uma cantada de pneu.

Acredito que, estivesse eu nas ruas, vendendo, jogando bolinha ou ralando a mão no asfalto, sem pernas, o tronco sobre o skate preparado para deficiente, teria menos vontade de morrer ou de matar se cruzasse com uma figura que me dá boa-tarde e acha que mereço um trocado.

Irrito-me com guardadores, mas tenho afeição por aqueles que, bem-educados, cuidam do meu carro e reconhecem-me na rua mesmo quando estou a pé. Acenam com um sorriso, e respondo com meu respeito.

Não sou melhor que ninguém, não sou dono da verdade, não quero hostilizar quem vive sob o mesmo céu, teve menos sorte e, ainda assim, sorri.

Talvez, se fosse eu miserável, ficasse mais impelido a assaltar ou até matar ao avistar mensagens de afronta, como o plástico colante que circula por aí em para-brisas com insufilme, dizendo: "Não tenho trocado, não dou esmola e o-d-e-i-o malabarismo."

O detalhe do "o-d-e-i-o" dá a medida exata da imbecilidade do proprietário: é aquela gente que preferia passar por cima, que a-d-o-r-a um massacrezinho de vez em quando, que confunde pobre com bandido, que nunca entrou em um pé-sujo, que vai à Bahia e não sai da piscina do hotel. São os almofadinhas indefesos e covardes espraiados por essa nossa Zona Sul.

Não há rosas
(Ao "velhinho das flores")

Morreu seu Francisco, o velhinho das flores do Leblon. Desde que conheço o Leblon como gente ele está lá, em cada uma e em todas as esquinas ao mesmo tempo, em cada bar e restaurante, com a cesta de flores, os ramos com folhas de arruda, os olhos tristes e o sorriso de uma solicitude extrema que percorria os olhos do casal, mexendo gentilmente com as consciências dos falsos apaixonados, ou dos apaixonados covardes, sem coragem de dar rosas à mulher, ou ao ser amado, alegando descompromisso com os clichês do amor, quando na verdade o que ocorria era a ausência dele, o amor.

Com o velhinho das flores parece que morreu o Leblon e, talvez, o amor que dá coragem de dar flores, ainda que por uma noite, e só. Graças a ele muitos habitantes e frequentadores do bairro passaram a crer na ubiquidade como dom humano, pois parecia mesmo estar em vários, senão em todos, lugares públicos do bairro.

Quem passasse ali ao menos meia hora, sentado, de bicicleta, de carro, a pé, toparia com ele, pois o velho das flores pousava de bar em bar com mais rapidez e suavidade que passarinho de galho em galho.

O fato de vê-lo nas ruas há tantas décadas com a mesma fisionomia, os mesmos cabelos brancos, a mesma calva, dava a sensação de que era imortal, e enquanto houvesse Leblon haveria o velhinho, e haveria rosas.

A lógica, portanto, é implacável: se não há velhinho das flores, não há rosas, e se não há rosas, não há Leblon, nem amor.

É verdade que, lá pelas tantas das madrugadas dos últimos tempos, a gente às vezes o via arqueado no vão daqueles bancos de madeira e metal, e ele vinha definhando, dormia ali mesmo, até a hora de pegar o ônibus de volta para São João de Meriti.

Há uma história oficial, provavelmente a verdadeira, sobre a saga do velhinho do Leblon. A história é que Francisco Gonçalves de Medeiros, que nos deixou aos 83 anos, era cearense e chegou ao Rio há meio século em busca de emprego. Trabalhou em boates e, certo dia, sonhou que Deus lhe dava umas rosas vermelhas, acordou chorando, lembrou-se do jardim da mãe na infância fortalezense e decidiu que seu destino era aquele, ambulante de rosas.

Mas corriam também lendas diversas.

De que, muito jovem, havia matado a mulher amada, e vendia flores desde então para cumprir abnegada promessa de vida; outra lenda era a das flores brancas, que, colhidas em cemitério, eram senhas para frutos proibidos, flores do mal, e a rosa branca luzia como ouropel, simbolizando outros brilhos.

Seja o que for, as flores, mesmo, não tinham preço fixo. Semicoberta pelo paletó do smoking surrado, a mão se esticava com elegância. Se o gajo não se manifestasse, o velhinho das flores desafiava-o, ofertava a flor à dama e então o gajo tomava vergonha e perguntava:

— Quanto é?

— Quanto o senhor quiser.

E o gajo tirava o tostão com a cara mais aborrecida do mundo.

Se não, depois de uns instantes, ia embora de mãos vazias. Nos últimos tempos, que deviam estar bicudos, às vezes dizia com um fio de voz quase imperceptível:

— E a ajuda pro velhinho? — mas só quando a noite estava menos nobre, e ele, homem de família, casado com Iracema, mãe de quatro filhos, talvez fraquejasse.

Teve o dia em que, no Jobi, o velhinho das flores ofertou duas rosas a moças cujos namorados não tiveram nem a hombridade de lhe dar boa-noite, e ele saiu de cara fechada sem recolher as flores.

Antes de chegar à esquina, porém, deu meia-volta, entrou de novo no Jobi, foi à mesa em questão, abriu as mãos e o sorriso, despejou todas as rosas que restavam, deu as costas e saiu de novo.

Atordoado ou pressionado por uma dama, o chefão da mesa levantou-se, foi atrás do velho com uma nota de cinco. Mas ele recusou, e deixou todas as flores lá. Desde então, não o vimos mais.

Bar-Mitzvah chinês

No judaísmo, os 13 anos representam uma data maior, sobretudo para os rapazes, que celebram o Bar-Mitzvah — cerimônia que simboliza a maioridade religiosa. Existe um rito para as moças, o Bat-Mitzvah, mas ainda de importância minúscula dentro do machismo que impera.

O curioso é que, assim como a circuncisão, o Bar-Mitzvah (a expressão significa "filho do dever") não depende de a família ou o próprio serem religiosos. É tradição: ninguém vai deixar de fazer o Bar-Mitzvah só porque come linguiça no Porcão aos sábados — blasfêmia para um religioso.

O Bar-Mitzvah exige — principalmente dos menos chegados às escrituras e ao hebraico — estudo e treino para, chegado o momento de ser chamado pela primeira vez à Torá (o rolo sagrado), ler direitinho e com as entonações certas. Mesmo assim, todo mundo gosta de fazer Bar-Mitzvah, pois, além da honraria, é o aniversário mais recheado de bons presentes que se vai ter ao longo da vida, sem falar na festa, a mais caprichada.

O bolso do paletó fica cheio de cheques que uns velhinhos enfiam dizendo, com sotaque, "guarda direitinho com mamãe".

Ah, e tem sempre um parente (solteiro, claro) que se oferece para indicar e pagar o bordel inaugural — pois, segundo uma tradição não escrita, aos 13 anos deve-se molhar o biscoito.

Foi com o espírito de ofertar o melhor presente da vida, que meus avós Salomão e Bertha vieram, em 1978, com a inacreditável proposta:

— Que tal fazer uma meia-volta ao mundo em 40 dias com vovô e vovó?

A volta ao mundo era uma salada mista: Rio—Nova York—Los Angeles—São Francisco—Honolulu—Tóquio—Kioto—Hong-Kong—Bancoc—Pequim—Xangai—Cantão—Rio. Média menor que quatro dias por cidade.

O que, descontados avião, traslados, *check-ins* e *outs*, refeições, fuso, deixava pouco tempo para ver alguma coisa além dos cliques fotográficos.

A etapa chinesa foi o grande charme. Naquela época eram raros os grupos de turistas autorizados a visitar o país, que estava a léguas do processo que transformaria a China na economia de mercado mais agressiva do planeta. A Guerra Fria ainda era quente, faltavam sete anos para Gorbatchev e uma década para a queda do Muro de Berlim.

O comunismo para mim era uma coisa una, planetária, misteriosa, estável e consistente, eu nada sabia sobre Revolução Cultural, e os retratos gigantes de Mao, ou sua figura embalsamada, eram pitorescos, tão exóticos quanto os monges espalhando incenso nos umbrais dos templos.

O massacre que assombraria o mundo ainda não havia manchado de sangue civil a Praça da Paz Celestial, de forma que sua amplidão controlada, sua simetria fornida de lindos traços, sua ordem, projetavam os sentidos na direção do eterno e do indizível.

Fomos à Grande Muralha, mas ela estava coberta por um ruço espesso e imóvel. Nada se via além da terceira atalaia, e as fotos clássicas que mostravam o monumento serpenteando pelas montanhas não iriam se materializar diante de nossos olhos: era só aquele dia, não haveria segunda chance de consumar o sonho.

Mesmo assim, da emoção extraí umas lágrimas, e fiquei chocado com a impassibilidade de meu avô Salomão — um sábio, um filólogo, um geógrafo, um matemático — que olhava para o colosso chinês como se fosse uma birosca em Copacabana.

— Já estou ficando velho demais para me emocionar com essas coisas — ele se justificou.

Nas ruas o povo uniformizado formava uma massa de camisas brancas e calças azuis, a pé ou sobre bicicletas, sorridente quando se acenava e, de resto, apática, rumo a seu destino planificado.

Automóveis eram uma raridade, uma interferência, faziam pensar em caravanas do regime, desfiles de espiões.

Nosso ônibus turístico rasgava as ruas como um monstro pós-histórico, e nossas roupas provocavam risos confusos nas mocinhas.

Fomos às comunas ver o povo trabalhar e dizer que estava feliz, inspecionado por autoridades e sob o olhar sempre solícito e vigilante de nossa guia, Liu, que falava português.

Tomamos chá quente para matar a sede. Comemos sopa de ninho de andorinha.

E só. O resto ficou perdido em uma névoa poética, como a que se vê nos cumes montanhosos retratados nas gravuras orientais e nos filmes sobre a China.

De volta ao Rio, o tal parente (solteiro) me ligou e marcamos a visita ao meretrício. Quando, de acordo com aquela tradição apócrifa, virei um homem de 13 anos.

Números

Dia desses, fiz 38. Idade desconfortável, inútil, absurda, a pior.

Os 30 redondos são clássicos e belos, prometem amadurecimento, sonhos tornados sólidos.

Os 31 são vazios, não fedem nem cheiram, uma transição para o nada.

Os 32, a despeito da pouca personalidade, já representam uma estrada percorrida.

Os 33 são emblemáticos, a idade da morte de Cristo.

Os 34 são catapulta de um novo patamar: a chegada dos 35. Estes, sim, a flor dos 30, força central do homem adulto.

Os 36 são idade abençoada: as mulheres de repente recomeçam a nos cortejar como aos 20, sem que se faça qualquer esforço.

Além disso, 36 é múltiplo de 18, número cabalístico que representa, pela soma de suas letras, a palavra vida.

Os 37 são uma idade dolorosa mas interessante: é momento em que os 40 já se anunciam, mas ainda estamos mais próximos dos 35. Último ano com cara de juventude.

E aí chegamos aos ditos 38, já bastante distantes dos 35, sem nenhum tipo de compensação. Pois os 39 terão o charme da véspera e que aos 40, dizem, a gente dá um festão, enche a cara e acredita em renovação.

No dia de meus 38 anos, teve café da manhã, cozido de almoço e jantar no Caldo de Piranha.

De noite, na cama, comecei a ver os números no escuro. Uma esquisitice da infância que nunca passou. É como se, na cabeça, cada número tivesse uma localização. O zero fica num ponto baixo e segue em linha reta até o dez. Do dez ao 20 a fila dá uma guinada para a direita, e assim se continua até o cem, com um pequeno desvio à esquerda a partir do 50.

Do cem ao mil, a direção volta a mudar, desta vez radicalmente, para a esquerda e do mil em diante é uma linha até o infinito.

Acordei com os passarinhos e passei um dia tranquilo. Mas ao cair da tarde, quando fechei os olhos para sentir a aragem, a tragédia: os números voltaram, mas haviam perdido sua constância e firmeza. Dançavam tresloucados, tomavam direções diversas, desfaziam-se.

Busquei no sono a paz, mas os números rebeldes eram agora placas moles, invertidas, vindas de outros mundos.

Acordei com um medo que não sentia desde as piores noites da infância. Precisei de tempo para recobrar a autoconfiança e mergulhar em um vazio cinzento.

Quando, horas mais tarde, abri os olhos, os números estavam lá, em sua ordem e percurso habituais. Mas havia algo diferente neles: eu transpusera a maldição dos 38, número horrível, absurdo, o pária na grande fila do tempo, ponto simétrico, móvel, entre o útero e o túmulo.

O último pudim do senador

Dizem que o que se leva dessa vida é o prazer de um bom prato, uma talagada de pinga, a peculiaridade de um vinho, os eflúvios de um mocotó.

Ou seja, mesmo que o sujeito tenha chegado ao fim da fila com uma herança ética bacana, lutas e honrarias, ele há de se lembrar, no leito de morte, é daquela pata de siri com batida de jabuticaba, ou da lagosta de 5 *pounds*.

Tive certeza disso naquele almoço de verão em janeiro de 1996, no rodízio da Marius do Leme, quando avistei, em uma mesa de fundo, o senador Nelson Carneiro, aos 86 anos, comendo um pudim de leite.

Com que calma e vagar o velho homem, de tanta história, tantos feitos e conhecimento, que emplacou o divórcio no código civil, saboreava o danado do pudim! Cada colherada era cuidadosamente preenchida com uma quantidade não tão grande que acabasse logo, nem tão pequena que tirasse o sabor.

Curvado sobre o prato, Carneiro examinava o trajeto da colher com prudência, concentrado, com a noção absoluta da importância daquele rito, e evitando qualquer contato com os colegas de mesa.

Fiquei ali contemplando, comovido, o senador traçar o pudim até que não restasse nem a calda, que ele liquidou com carinho e em uma cadência perfeita, a meio caminho entre o monástico e o orgiástico.

Semanas depois, vou apanhar o jornal na porta e, na primeira página, vejo a chamada para o obituário do senador Nelson Carneiro. A notícia, que normalmente me causaria pesar moderado, encheu-me de espanto e de uma estranheza: teria sido aquele seu último pudim?

O último pudim de um homem idoso. Prazer plácido do senhor baiano, tribuno silencioso com sua colher, atencioso, a cutucar aquela massa de leite, ovo e açúcar. Que morreria dali a dias, mas não tão cedo, não antes de mais um prazer, puro e livre como uma criança, e com a compostura de homem público.

Ver uma pessoa (ou mesmo um bicho) comer é sempre comovente. O forasteiro que encontra abrigo em uma cabana onde lhe oferecem um prato de sopa, que ele devora com um naco de pão. O operário com sua marmita (sempre apetitosa). O gordo sugando um fio de macarrão. O movimento da mandíbula humana, mesmo feio, tem beleza: expõe, sem máscaras, a nudez da alma, por força da necessidade do corpo.

O homem idoso, quando come, é ainda mais enternecedor, pois, mesmo que tenha sido um cafajeste, a velhice o investe de um rigor, uma honradez, que podem fazer do carrasco um santo. Mesmo culpado, ele é bom se estiver imerso no ofício de lamber o beiço.

159

Até o ruído de um cavalo arrancando um tufo de mato é capaz de comover e deixar o observador (montado sobre o bicho) com olho grande.

Meu avô Salomão tinha uma versão *light* de Chapeuzinho Vermelho. O caçador, para facilitar a tarefa de tirar a avó da pança do lobo, oferecia bolo e vinho, para embebedá-lo.

Comovia-me a ideia de que o lobo, antes de levar chumbo, comeu bolo e vinho. Vovó foi salva. E o lobo morreu não tão infeliz.

Mais velho, soube que, no original, o bolo e o vinho eram da menina para a vovozinha, e que o lobo já dormia, enfastiado de bolo, vinho e vovó, quando o caçador chegou.

Como seria bom e nobre se a cada dor, a cada luta, mesmo antes de uma morte inglória, tivéssemos a sorte de merecer o gosto de uma fatia, o conforto de um goró, o gozo de um último pudim.

As cinzas do capitão Quiabo

Na Quarta-Feira de Cinzas, subi a serra, tomando o cuidado de dirigir só com a mão esquerda, evitando a pressão sobre o hemisfério afetado por um formigamento que se refletia no ombro.

No alto, em Teresópolis, desembarquei na festinha de crianças para a qual eu fora convidado, e durante a qual, por falta de assunto entre os adultos, conversei com a Cuca, o Visconde de Sabugosa e o Marquês de Rabicó. Também comi cachorro-quente e vi a meninada sambar Xuxa.

Foi quando, súbito, veio-me à memória, sem razão aparente, ou talvez porque fosse fim de Carnaval, a história do capitão Quiabo, há muito esquecida. Patriarca de uma família rica caída em desgraça nos anos Collor, o capitão Quiabo sabia que ia morrer na Quarta-Feira de Cinzas.

Chamou os filhos para dividir informalmente os bens: um *setter* irlandês que atendia por Babão, uma ópera italiana gravada em 78 rotações, um caderno de anotações filosóficas em esferográfica e uma caderneta de poupança da Caixa com quinhentos reais.

Então chamou a mulher, a duquesa Sarah de Jesus, segurou-lhe a mão e disse:

— Eu queria ser enterrado na serra, mas, como vou morrer na Quarta-Feira de Cinzas, a cremação é mais significativa, pois se trata de cinzas. E que meus restos sejam expostos no lavabo da casa.

Tudo assim resolvido, o capitão Quiabo mandou chamar o primo mais novo, o desembargador João Passiflora, que, no lugar de consolá-lo, disse-lhe na cara, em pleno leito da morte, umas poucas e boas verdades:

— Quiabo, você sempre foi um sujeito muito escorregadio. Está agora pagando por tudo aquilo que plantou. Não reclame.

— Passiflora, você para mim é como um irmão. Não estou reclamando de nada. Só queria vê-lo pela última vez. Dá cá um abraço.

Comovidos, os primos-irmãos se enlaçaram. E, como previsto, o capitão Quiabo morreu na quarta-feira de cinzas.

Seus restos, acondicionados em um pote transparente, sofreram um processo de cristalização decorativa, que o próprio Passiflora providenciou, método importado do Oriente.

A duquesa Sarah de Jesus escolheu o tom verde, mais adequado à tranquilidade da serra.

Um dia, por engano, confundiu-o com o pote de sais aromáticos, despejou o conteúdo, ligou a água quente, entrou na banheira, pisou e escorregou nos cristais do Quiabo e morreu.

Seu novo marido, Passiflora, primo-irmão do finado, tomou formicida.

Brad Pitt pra Ivete ver

A declaração (gravada e arquivada) foi feita durante a entrevista com a cantora Ivete Sangalo. Estava no meio de uma pergunta quando fui interrompido pela estrela baiana.

— Menino, se eu lhe disser uma coisa você não vai achar que estou de sacanagem?

— Claro que não.

— Olha que eu digo, hem, meu velho?

— Pois diga.

— Você é a cara do Brad Pitt!

— Você está de sacanagem.

Ela riu com certa timidez, como se, por detrás da carcaça de mulher poderosa, houvesse uma simples fã adolescente diante da imagem, ainda que virtual, de um lindo astro de Holiú: Eu.

— É verdade. Principalmente a partir do nariz para cima — observou a ciumenta assessora de imprensa, jogando areia no elogio.

Então a estrela me encarou no fundo dos olhos.

— Olhe lá, hem? Não vá pensar que estou observando você, viu?

Neste exato momento toca o telefone. O namorado.

— E aí, meu bem, vem me buscar aqui, né? Não?? Como é que éeeeeee?? Ah, se vem! Estou é esperando, entendeu?

Fiz mais duas ou três perguntas, recolhi minha papelada, desliguei o gravador (está tudo gravado) e, com dignidade, levantei-me para as despedidas, não sem antes cometer a gafe maior e redentora, olhando fixo para ela e ignorando a assessora:

— *Alguém* quer carona?

E saí sem esperar resposta.

No dia seguinte, pimpão, contei a novidade a alguns amigos que se comunicam por e-mail. As reações foram variadas.

— Arnoch, passa para Ivete o telefone de minha oftalmologista, a doutora Cléa, que faz cirurgia de miopia que é uma beleza — escreveu Henrique.

— Ora, Arnaldo, nas atuais condições você não é a cara do Brad Pitt. Você é a cara de dois Brads Pitts. Ou duas caras de um Brad Pitt — divertiu-se Affonso.

Triste sina a dos homens ditos bonitos: uns dez anos atrás eu fora confundido, na farmácia, por duas noveleiras pós-balzaquianas, que cochichavam e acabaram tomando coragem de perguntar.

— Você é o Fábio Assunção?

Neguei ser o astro da Globo.

— Sou apenas um jornalista d'*O Globo*! — jurei, e agradeci.

Elas não se convenceram e continuaram a cochichar, às risadas. Fiquei prosa por muitos anos. Até a noite em que, à porta do Jobi, um camarada inteiramente ma-

mado de cachaça usando terno amassado veio perguntar se eu era aquele ator de "Sob nova direção".

— Quem? — indaguei, ameaçador.

A mulher do cachaça estava lá para confirmar minhas suspeitas.

— Otávio Muller! — disse, palmas e pulinhos de caçadora de celebridades.

— Bingo! — celebrou o cachaça, copo erguido.

Foi como um choque, pior que aumento de plano de saúde por faixa etária. Naqueles dez anos, entre o encontro com as balzacas e o assédio do bebum, eu havia evoluído de Fábio Assunção para Otávio Muller.

Menos cabelo, mais peso, aumento da papada, uso de barba e adoção de rabo de cavalo: a isso me reduzira.

Semanas depois, Luana Piovani — a quem eu dedicara uma crônica — mandou ao vivo na TV, do programa *Saia justa*, um beijo agradecido.

— Obrigada, Adolpho Bloch! Beijão!

Pronto. Eu fora confundido com o defunto, ou melhor, com os restos, do meu tio-avô. De Fábio Assunção para Otávio Muller... de Otávio para Adolpho Bloch... qual seria a próxima parada? O inferno? A antimatéria?

O visual no espelho era verdadeiro e não fruto de autoimagem complexada: se um dia já fui, talvez, um rapaz bonito, agora eu era uma lenda. Uma lenda careca.

Então, chegara mesmo o tempo de sossegar o facho, comemorar as glórias passadas e pendurar as chuteiras.

Resolvi me conformar: "Pelo menos minha namorada me acha parecido com o John Travolta." Ainda que sejam os olhos dela, já é alguma coisa, senão tudo. Mas agora, diante da declaração de Ivete Sangalo, todas as minhas certezas, a humildade conquistada, o encontro com Shrek no espelho, foram para o brejo. Pô, Ivete! Essa abalou!

Alô, Lúcio Mauro

Com sua fisionomia trágica, emblema brasileiro da condição humana, o Lúcio Mauro é o caso clássico do ator que era "escada" mas acabou virando o astro. O personagem Fernandinho, por exemplo, era para ser coadjuvante da burra Ofélia. Mas sempre rouba a cena aquele homem patético, brasileiro universal, pobre coitado brioso, que não admite que insultem sua mulher além do que ele próprio já insulta.

— Pois à noite — justifica Lúcio-Fernandinho, com dedo em riste e olhos esbugalhados de profeta —, debaixo do lençol, aquilo é um fenômeno.

Lúcio Mauro brilha sempre nesse misto de resignação e redenção que prescinde do texto, que está estampado na sua cara, na vista estupefata, nas sobrancelhas tesas, na testa em vórtice, na boca crispada e até no rosto marcado, "maracujá de gaveta", natural de muitos migrantes do Norte.

Esteja Lúcio Mauro em que papel estiver, na TV, no teatro, no cinema, na comédia, no drama, será sempre um personagem trágico, tão trágico que arranca da garganta do espectador acessos de um riso absurdo, engasgado, perigoso para a saúde respiratória.

Encontrar Lúcio Mauro pessoalmente (coisa que me aconteceu por acaso), quando ele pede ao garçom para "botar um uísque", trocar duas frases com ele e dar-lhe um abraço de fã, é uma experiência quase mística: embora note-se, vagamente, a presença de um ser dissociado de sua poderosa máscara dramática, é a máscara, contudo, que predomina sobre o ser, e saímos dali com a sensação de ter encontrado um espectro shakespeariano, ou, no mínimo, o espectro do Fernandinho.

Lúcio Mauro é daqueles atores que nascem com um dom raro: o de transmitir algo perene e fundamental sem precisar mover muito os músculos da face. As inflexões de Lúcio Mauro são mínimos movimentos que passam do pânico à tristeza, da tristeza à gargalhada desesperada, da inação à fúria, da submissão à forra, como bordões fisionômicos catalogados por Deus e seu antípoda antes do início dos tempos.

O engraçado é que, se a gente for buscar "Lúcio Mauro" na internet, o resultado será 95% relacionado ao talentoso Lúcio Mauro Filho, o Tuco de *A grande família*. Os 5% restantes são referências ao pai, muito ralas.

Para descobrir a idade e o time de Lúcio Mauro, tive de comer o pão que o diabo amassou na grande rede. Mas descobri: Lúcio Mauro é Botafogo, como muitos e bons paraenses. E, na época (2004), tinha 72 anos.

Lúcio Mauro esteve sempre na crista da onda. É daquelas figuras que furam, pulam e pegam todas as ondas, estão acima delas, transmitem seu grito e seu riso através do tempo, mesmo que seus nomes não figurem nas calçadas e páginas da grande fama.

Fashion é nu

A moda transcende o tutu-making, eu sei. Moda também é cultura, forma de expressão, acompanha as transformações sociais, é um sistema, é uma linguagem, blá-blá-blá.

Mas não me ligo. Não adianta. Aposentei tudo que é sociaaaaallll para pensar só no social, ponto, não só no sentido de povão, mas no de "aí meu irmão", de hippie-velho-cansado-da-seca, morou?

Camiseta tá bom. Largona. Largadona. Deixar o cabelo crescer. A barba crescer. Ficar parecido com Jamari França é que é o fino. Esquecer a meia, aplicar o polvilho, calçar o sapato e vamsimbora.

Aí o pessoal vai dizer: mas isso é atitude, isso é estilo, seu jeito de ser. Ou seja: moda. Respondo: atitude é a... sou autêntico!

Ana Cristina Reis vem explicar. Que lá pelo final dos anos 1970, ser autêntico era justamente aquilo que hoje se chama de atitude. E que essa minha atitude era retrô, e resgatava o autêntico.

Vamos falar com seriedade: moda não existe. Moda é atalho, porque o que interessa mesmo é aquela hora em que, entre quatro paredes, o bicho pega. Se não pegar, não há beleza, não há tecido, não há costura, não há criador que vá dar jeito.

Fashion é ficar nu, é comer melancia nu antes de entrar no banho. Ou manga nu. Fashion é trepar. Fashion é deitar esparramado, a cama em desordem, os travesseiros espalhados.

Fashion é o cabelo ao natural, a cor, o pigmento, o sal da praia, a franja, ou a calva, molhada depois do banho. Fashion é o cheiro do corpo, o calor da pele, o suor seco.

Fashion é cérebro vivo, ideia sem venda, feijoada no quintal, sem projeto, sem marketing, sem tenda, sem bolha. É sorriso sem ensaio, destruir o armário, escolher roupa no balaio.

Somos todos fundamentalistas

A guerra final não será entre o bem e o mal, o Ocidente e o Oriente, o religioso e o secular. Será entre o fundamental e o fundamentalista.

O fundamental tem consistência. Não engole generalizações, nem é escravo da ideologia. Alia-se ao bom-senso, à pluralidade, à História. É inimigo da mentira.

O fundamentalista tem um ideal de pureza. Acredita na verdade absoluta. Sataniza o antagonista. Extermina a divergência.

Religioso ou não, o fundamentalista transforma tudo — arte, política, opinião, sexo — em divindade.

O fundamentalismo é islâmico. É americano. É judaico. É cristão. É europeu. É de esquerda. É de direita. É econômico. É cibernético.

O fundamentalista diz: "Os Estados Unidos são o mal, o Islã é o bem." Ou então "Os Estados Unidos são o bem, o Islã é o mal."

Todos somos ou fomos fundamentalistas. Quando quisemos vencer discussões na base do grito. Quando, com medo da dúvida, urinamos explicações finais sobre fatos que exigem reflexão, tempo.

Fundamentalista é dizer que vanguarda é chato e tradição é legal, ou que vanguarda é legal e tradição é chato.

É dizer que cubismo é feio e que belo é o clássico, partilhando, sem querer, do conceito hitlerista de arte degenerada, na busca de uma expressão superior via exclusão do elemento dissonante.

Fundamentalista é dizer: "Vou ao cinema para me divertir, não para pensar", como se pensamento e diversão não pudessem se misturar.

Fundamentalista é dizer "Hermeto Pascoal é soprador de chaleira" (a boçalidade atrás de uma frase de efeito).

É o produtor de gravadora que diz: "Música ouço em casa, aqui faço produto", e o produtor musical que, sodomizado pelo marketing, baseia suas escolhas em uma noção do que "funciona" e do que "não funciona".

Fundamentalista é dizer "funk é crime", que o negócio é sair matando. É igualar poder público e marginália, família e máfia. É dizer que os direitos humanos estão caducos. Que a psicanálise morreu, que foi um grande engano. Que é a genética que rege nossas ações.

Imaginar que o indivíduo é uma combinação de natureza e formação é penoso demais para os que desejam sepultar as sutilezas da condição humana e caminhar para um determinismo fascista em pleno século XXI.

Fundamental é estar consciente de que o fundamentalismo não é um fato externo, sobre o qual se lê no jornal, e que nos ameaça enquanto indivíduos inocentes.

Combatê-lo é se dar conta de que ele nasce justamente no próprio indivíduo, cresce nas entranhas, escorre pelo canto da boca e se fortalece todo dia em casa, no botequim, no trabalho, nos sonhos e nos atos de cada um.

Asas Ruivas (Rodian)

Rodian nasceu no verão de 1981. Era um *setter* irlandês da linhagem do canil Maracanã. Filho de Brigitte, não se sabe se o pai era Douglas do Maracanã ou o próprio filho, Kirk (em homenagem ao capitão Kirk, e não ao ator), que cruzou inúmeras vezes com a própria mãe. O que fazia de Brigitte ao mesmo tempo mãe e avó de Rodian, por sua vez irmão e filho de Kirk.

Por isso Rodian nunca obteve o *pedigree*: na hierarquia cinófila, cachorro filho-de-mãe-que-cruza-com-filho não é filho de Deus. Em compensação, tinha, de outra ninhada, uma irmã ilustre: Mila, a "mais-que-amada", ela mesma, a cadela de Cony, a quem o escritor dedicou seu clássico "Quase-Memória", e de quem Rodian ficou amigo sem jamais se engraçar.

Rodian (nome inspirado no do anti-herói de *Crime e Castigo*) foi escolhido de uma ninhada de nove por ser o mais sossegado de todos. Enquanto os irmãos se agitavam e se exauriam, ele, gordinho, ficava no canto, curtindo o movimento na área de serviço de tia Rosaly (saudades também) na rua Joaquim Nabuco, ou descansando, alheio à balbúrdia geral.

Escolhemos o dorminhoco e enrolamos um lenço branco em seu pescoço até que, com um mês, viesse para a casa de minha avó, onde morávamos, pertinho da praia. Nas primeiras noites Rodian dormia sobre meu peito e contraía as patinhas quando tinha pesadelo. Foi só crescer um pouco que já se entendeu logo a razão de dormir tanto: preparava-se para a vida que ia ter.

Que vida! Disparadas nos campos e nas areias, quilômetros de carreira na mira às gaivotas, viagens por litorais ainda virgens para lá dos Lagos.

Rodian sabia pegar jacaré. Ultrapassava as ondas moderadas e, quando vinha uma maior, girava o corpo, nadava para a margem e descia direitinho, a gente via a cabeça e os orelhões no meio de um monte de espuma, isso quando não atinava, acidentalmente, com um tubo, e aí era quase surfe.

Nunca soube se era de medo ou se era mesmo o puro prazer de navegar na crista. Afinal, Rodian tinha manias estranhas, sofisticadas até, como a de perseguir sombras de bolas de frescobol. Seu movimento variava com a posição do sol: se a sombra percorria distâncias maiores, ele corria para lá e para cá; mas se o sol estava a pino, bastava girar o pescoço para acompanhar o ir e vir. Quando a bola caía e coincidia com a sombra, largava-a de lado, decepcionado, aguardando o reaparecimento de seu alvo utópico: a sombra.

Rodian era vermelho. Acaju. Ruivo. Marrom. Laranja. Todos os matizes misturados na pelagem espessa e longa, que em sua maturidade roçava as pedras portuguesas. Nesse tempo parecia um leão em suas disparadas na areia luminosa, que faziam a mandíbula abrir-se e os dentes aparecerem, forjando uma expressão de prazer que transcendia o sorriso.

Mais velho tornou-se mais sábio. Corria menos e contemplava mais as paisagens, ou usufruía do vento. No jogo de olhar fixo — do qual os cães, constrangidos, fogem em poucos segundos, desviando a vista — passou a ter menos pudores de me encarar e, em alguns momentos, eu tinha a sensação de extrair-lhe conselhos ou confissões.

Se antes ele gostava de levar da praia para casa o coco que eu havia bebido, agora interessava-se mais em sorver o que restava da água e aproveitar a carne branca e úmida, fonte vital de reposição da energia que começava a lhe faltar.

Teve vida longa e feliz. Não cruzou quase, não procriou, esnobou as princesas irlandesas e teve como única namorada uma *cocker* cor de mel, linda de morrer. Mas correu tudo que pôde, caçou muita sombra de bola e por pouco não agarra uma gaivota em plena Copacabana.

Era outro tempo. Menos civilizado, admito, quanto aos códigos de respeito aos banhistas e de limpeza da praia. Mas também havia menos gente de manhãzinha e, nos fins de tarde, menos confusão, quase nenhuma briga, nada de pitbull, neca de pitboy. Tempo que não vai voltar, nem o Rodian, asas ruivas, só a sombra, para além do mar.

Tropa de elite é fascista?

Há algo de muito hipócrita na euforia que cercou a estreia de *Tropa de elite,* na abertura do Festival do Rio. A começar pelo discurso do diretor José Padilha, que perguntou à plateia que jorrava das fileiras do Odeon quem já tinha visto o filme. Referia-se à onda de pirataria que antecedeu à *première.*

— Só por curiosidade — acrescentou, com um riso de canto de boca.

Quatro honrados gatos-pingados levantaram as mãos. O restante, em ato de alta covardia coletiva, emudeceu e fez-se um silêncio sepulcral no palácio cinematográfico na Cinelândia.

Com a maior credulidade do mundo, Padilha, herói de todo um Brasil de honestidade, retribuiu com cinismo:

— Que bom! Uma plateia virgem!

Risadas, festa, alegria, *quel esprit!* Sentado no balcão lá atrás, bem malocado (o termo é proposital) dos holofotes, não resisti e gritei a plenos pulmões, ou o que resta deles:

— Bando de mentirosos!

Claro que, afora aqueles quatro otários, ninguém dos 800 vultos que hiperlotavam o cinema, apertando-se nas escadas e no chão, ia ser besta de assumir que comprava DVD pirata. Afinal, estava lá o secretário de Segurança, que também não viu nem comprou nada.

Se assumissem, como é que iam depois ter cara para gritar "caveira" em corinho (quase vomitei o pastel de cordeiro, delicioso, que comi antes) à medida que o capitão Nascimento, o nosso Rambo do Bope (magistralmente interpretado por Wagner Moura) ia se sagrando herói da noite, libertador de todos os medos e das culpas, vingador dos corações desprotegidos, um homem acima do bem e do mal?

Não foi à toa que parte do público sentiu-se à vontade para gritar o lema da tropa corrupta e matadora. Afinal, ao optar pelo capitão Nascimento como narrador do filme, Padilha assumiu, de maneira sistemática, acrítica e quase pedagógica — e justificou para a média reacionária da sofrida sociedade espectadora — o discurso e o ponto de vista do que há de pior na corporação, o discurso da pseudorrazão enlouquecida dentro da loucura institucional, o discurso do "não há saída, tem mesmo é que matar".

Tudo no filme que não é o discurso do capitão Nascimento (embalado pelo hino da morte, irresistível heavy metal de refrão fácil e comercial) soa ridículo, risível, até porque os demais personagens são extratos estereotipados em uma narrativa que se quer naturalista, mas de baixa profundidade psicológica e dramática.

Assim, no filme de Padilha, só a classe média alta universitária de Zona Sul consome maconha e cocaína. Para fazê-lo, esta classe média alta (a "galera"), necessariamente, e até com boa disposição, trava as melhores relações com o comando do tráfico, descarregando sua culpa burguesa em ongs-fantasia que nada mais são que organismos-títeres da alta bandidagem.

Na PUC (universidade onde, na trama do filme, estudam os bandidos burgueses) só há viciados alienados. Com uma exceção: o policial Matias, o único que conhece a realidade.

A preocupação obsessiva é com o baseado que a galera queima: são eles, os usuários, os maiores culpados pela violência do tráfico. Todos, naturalmente, burgueses.

A cada menção desta abobalhada burguesia com "consciência social" (as aspas são do cineasta), gritinhos histéricos eram ouvidos em redutos da plateia, reforçados por palmas tímidas que logo se ocultavam ante à não aderência (felizmente!) da massa presente.

E ao final, quando o aspirante Matias se transformou num "policial de verdade" (leia-se: quando abandona seus princípios e aceita a tortura a crianças como método válido para seus nobres fins de vingança contra *el capo*), uma ovação aliviada consagrou *Tropa de elite* como porta-voz de nossas inquietações. E dá-lhe caveira!

Falotário

O título era para ser *Falatório* mas não sei o que aconteceu que se resolveu, antes mesmo de se começar a escrever, trocar as letras por achar que *Falotário* diria mais do estado de espírito ao iniciar a crônica, se é que se pode chamar de crônica o que se inicia sem se ter ainda terminado, de última hora, com todos os riscos de que a mixórdia reine, que assim é a vida para lá das formas e das formas.

Falotário é o que me dizem as vozes (as vozes...) e é a voz que me ouço dizer a cada linha, *falotário*, cada palavra, cada letra, ciclo enganoso, poeira de vaidades, fogo morto de tanto e de nada dizer e de tanto ser ouvido ao avesso, *falotário, falotário, falotário*.

Caminho por aí de muleta, entro no cinema para ver o novo Beto Brant (o filme da mulher sem uma perna) e uns me olham como se fosse personagem. Queria que estivesse lá o Lewgoy com sua chique bengala para todos olharem para ele e se esquecerem de mim, mas Lewgoy morreu.

E por onde vou, muleta de marca, sem charme, sem vagar de sábio, que sábio nem velho eu seria e ando meio velhusco das ideias antes de sequer sentir o cheirinho da velhice ou da sabedoria, quanto mais do saber.

Disso despojado, talvez com leituras do Oriente, ou outras, que me desorientem a um certo sentido, possa talvez apontar o nariz para fora da espuma, que, se tudo ela não é, é certo que nela estou imerso até o queixo, respirando o ar que ainda alcanço.

Mas passa, com umas praias, quando puder, se puder, pois não se sabe que outras muletas se possam interpor às escorregadias pistas e às lorotas da vez; e por onde vou ouço o falatório, meu e dos outros, os leigos e os especialistas empenhados mais em convencer que em travar conhecimento, mais em entreter que em congregar, o ganhar-no-grito alcançando a quintessência da sofisticação, grito educado, sorridente, triunfo mudo dos sofistas de situação e de circunstância.

Falotário, as vozes agora em coro clamam por minha presença, a aplaudir o falatório como os convivas aplaudem, aos risos, o pobre do garçom que deixou cair umas dez bandejas de ostras e respectivos magnum de champã no centro de uma Coupole.

Ao despontar da muleta, em vez de classe, de dança, virão, verão, os passos, sim, do *gauche* que nem *gauche* galgou ser na vida, projeto de *gauche*, que nem graça nem pena inspira, só espanto o tremendo vazio que corre pelas letras, que não é sopro divino nem vento de revelação, nem vácuo é, nem no domínio do nada pode ambicionar um lugarzinho, e quando morrer será a mesma coisa que vir ao mundo, ou muito pelo contrário, ir-se.

Dani

Encontrava Dani e Edmundo de vez em quando, nos churrascos do Zé em Realengo, ou em lançamentos, aniversários.

Então me aproximava e passava sempre um tempinho com eles, e assim fui conhecendo Dani até concluir, sem dificuldade, que estava diante da pessoa mais cheia de alegria que houve.

"Talvez você não tivesse a mesma opinião se a conhecesse melhor."

Não. Dani era transparente. Dispensa averiguação. Poder-se-á passar toda uma vida sem ter trocado uma palavra com ela, que, ainda assim, guardar-se-á dela essa alegria, e sentir-se-á saudades quando partir.

Partiu na virada do ano e primeiro veio a tristeza por Glauber, que estava tão feliz por ela. Depois veio a tristeza por Dani, que eu mal conhecia e que conhecia tão bem.

A última vez foi na festa que comemorava os 60 anos da Agir. Glauber e Dani acabavam de voltar de Amsterdã e estavam em uma felicidade de dar gosto.

Sabe quando a gente percebe, na hora, que um casal está no auge do esplendor? Não se trata de modelitos de esplendor, caras e bocas, sorrisos ensaiados, caretas agônicas.

Falo de esplendor mesmo, pique, encanto sem esforço de traquejo social.

Nesta noite, eu estava sentado em um daqueles pufes de lounge com Cris. Cada vez que o garçom renovava as taças de espumante dos convidados, Glauber e Dani passavam, e brindávamos.

Então eles iam para a pista e nos chamavam de lá, mas preferimos o pufe, apreciar o ir e vir das pessoas, a felicidade deles.

Quando fomos, eles já tinham ido embora, e bailamos até o fim.

E era mesmo o fim, e agora a ausência de Dani faz dezenas de corações baterem acelerados, ou devagar demais, nesta primeira semana do ano.

Os amigos cercam Glauber dia e noite abraçando-o e, através dele, abraçando Dani, ainda a seu lado, pois aquele sorriso não se esvai assim. Permanece. Vive. Segue inspirando a gente a ser melhor. E dá à gente essa coragem de falar de amor.

Tatoo

Quando ela abriu a persiana, a noite — lua e estrelas — estava sob a montanha. Acima da montanha, elevava-se o dia, com seus três sóis em diagonal. No momento em que as linhas da persiana atingiram a máxima abertura, os sóis, coincidentemente, pousavam sobre elas (elas: membranas finíssimas, lâminas sombreadas pelo contraluz) como se fossem (os sóis) notas musicais. Fazia muito tempo que ela não abria a persiana. Da última vez — ainda recordava — fazia um dia radiante de domingo, o som dos helicópteros e teco-tecos eram como evocações à praia, parecia que as hélices espalhavam um ar salgado, de areia e água misturadas, dentro e fora dos baldes das crianças, odores de maresia de tatuí, rastros de futebol estático no ar, assovios de pilha, cantantes, patrióticos. Mesmo diante de tanta beleza e tanta emoção cívica, ela fechou a persiana e esperou a noite cair.

Na véspera, havia quebrado todos os relógios da casa. De uma vasilha, derramara água dentro do tubo ligado do televisor, esperava provocar um princípio de incêndio que ela combateria, em vão, com a água que restaria na vasilha, mas seria lambida pelas chamas, tudo ficaria fácil e rápido. Contudo, só umas poucas faíscas jorraram do tubo, um espetáculo curioso que fez a casa toda escurecer e as faíscas brilharem sós até a extinção.

Quanto tempo se passara daquela manhã radiante? De uma coisa ela tinha certeza: marcava os dias em um grosso caderno sempre que a luz do dia transpunha alguma fresta mal coberta, invadindo um ângulo de sala, a parte de um móvel, um objeto. Isso, no entanto, dependia de ela estar ou não em determinadas partes da casa, acordada, nas horas em que a luz dava o ar. Na folha havia mil trezentos e quarenta e sete pequenos traços, mas podia ser o dobro, ou dez vezes mais, os dias de verdade que se passaram. Na mesa, dezenas de tocos de lápis indicavam que ela se preparara para a situação, ainda que não se lembrasse de algum dia ter saído para comprar tanto lápis.

No dia mesmo em que arrancou as sobrancelhas e, em seus lugares, tatuou as duas lacraias, ela se arrependeu. Demorou a admitir para os outros, mas, internamente, não teve dúvidas, em momento algum, de que as detestava até o fundo da alma. "Aberrações", ela pensava, "Aberrações pesando sobre os meus olhos amarelos", dizia, de si para si, todos os dias, ao olhar o espelho e ver as duas lacraias brancas, peroladas, perfeitas, profundas, como se fossem moldes cavados no próprio osso (as figuras talhadas não chegavam ao osso mas a impressão era essa, lacraias talhadas no osso, como desenhos pré-históricos).

Ela circulou ainda um tempo com as lacraias brancas. No Posto Nove o pessoal dizia que as tatuagens feitas pelo antilhano Jules d'Antropol estavam um arraso, exaltavam-lhe a coragem, e ela rodopiava como bailarina, os outros achavam que era para mostrar os desenhos a quem estivesse em volta, mas na verdade rodopiava para mostrar a cintura, as pernas, os tornozelos, os pés, os cabelos, os olhos amarelos sob as figuras, e a cada manhã o espelho pesava mais. Antes de olhá-lo já sentia o peso que vinha dali. Na cama abria os olhos e era como se a suíte estivesse afundando sob o peso do espelho, fazendo o quarto ficar inclinado. Mirar-se nele, então, era como estilhaçar-se em si, a ponto de nem enxergar mais as duas figuras peroladas, mas apenas um fulgor que pelava a retina e o espírito. Por isso quebrou primeiro o espelho da suíte. Depois, arranhou todas as superfícies opacas e cobriu-as com panos escuros, inclusive a mesa de ônix. Destruiu os relógios de cordas e os eletrônicos. Jogou fora as baterias dos computadores. Entornou água no tubo de imagens. E viu, no breu, as faíscas, show.

Provavelmente saiu para fazer compras, latas, muitas latas, de conservas, de bebidas, e também remédios, e lápis, para marcar os dias, fazer cálculos diversos, ou escrever aquilo do que se lembrasse, era só disso que se lembrava quando abriu a persiana e viu que era domingo, um domingo igual àquele, a noite sob a montanha, os três sóis em diagonal, notas musicais sobre as linhas, lâminas, paralelas da persiana, as hélices, lâminas, chamando para a praia, baldes cheios de areia e água, maresia de tatuí (tatoo) futebol estático no ar, assovios de pilha. Fechou de novo a persiana e esperou a noite cair, pensando se seria o caso de, no dia seguinte, sair e comprar um espelho e um relógio, mas na manhã seguinte apenas acordou e, ao ver um pouco de luz sob a fresta da cortina, pegou o lápis e marcou mais um dia.

O Leblon virou mar

Estranho o fascículo em que Louisia leu a respeito da Bolha do Leblon, fenômeno que se anunciava à medida que os esgotos do bairro iam ficando saturados de lixo e fezes. Sobre a Bolha do Leblon, o engenheiro Spindoram, que assinava o artigo, dizia estar iminente e, quando o fenômeno ocorresse, a malha urbana seria remexida como a crosta de um gratinado podre, e durante um tempo a paisagem do Leblon oscilaria como oscila uma colcha com os movimentos de um corpo, ou como oscila a superfície do mar quando remexida pelas ondas, e o remelexo persistiria por semanas até que as maleáveis estruturas do Leblon se rompessem de vez, e um mar tenebroso tomasse seu lugar, escorrendo depois sobre Ipanema.

Louisia então começou a pesquisar literatura sobre o assunto, e começou por *Ai de ti, Copacabana*, de Rubem Braga, que julgou pouco científico, Louisia não era muito dada a metáforas e alegorias, e então mergulhou em estudos, e foi a Paris estudar os esgotos e as catacumbas, e foi a Veneza estudar as cidades que afundam, e conversou com sismólogos, e comprou um sismógrafo, e passou meses percorrendo as ruas do Leblon à procura de sinais do desastre por vir, e em muitas esquinas sentiu o cheiro do esgoto mal disfarçado, e até em portas de restaurantes chiques e apaulistados ela sentiu o buquê da merda, e visitou as obras da Cedae na praia, e viu os tubos serem trocados, mas lembrou-se que o texto de Spindoram dizia que nenhuma obra solucionaria o problema, que a grande sopa marrom eclodiria a despeito de todos os esforços de engenharia tradicional, e que a sua composição excepcionalmente corrosiva não encontraria obstáculos para a grande emersão.

Louisia, então, começou a preparar-se para o dia. Na recôndita livraria onde encontrara o fascículo, e que ficava no subterrâneo de um prédio vazio na esquina da travessa Aquilina com a General Ourives, conseguiu o endereço do autor daquele texto, e saiu a procurá-lo pelo Leblon, e soube que Spindoram morava no Morro do Primo, ao qual se chegava pela General Uribes, no ponto em que a rua elevava-se e contornava a encosta.

E Louisia subiu. No alto do Morro do Primo havia uma aldeia fundada por habitantes de uma antiga ordem, a Ordem dos Mares, e no horizonte dessa aldeia Louisia vislumbrou algo que jamais vira antes, um mar suspenso, vaporoso mas não desprovido de concretude, de ondas, um mar suspenso e verde e azul e prateado e esmeralda, e perguntou onde ficava a casa do engenheiro Spindoram, e os nativos apontaram para a direção do mar suspenso, e Louisia teve medo, mas uma senhora a acalmou, e disse:

— Não se afobe. O engenheiro Spindoram mora de frente para o mar.

Louisia tinha fome e sede, e a senhora ofereceu-lhe uma refeição, uns moluscos crus vivos muito porosos e leves que ela dizia virem do tal mar, e que escorriam pela garganta e gelavam o estômago, mas que depois produziam em todo o corpo uma paz forte e consistente, o desejo firme de seguir caminho e uma grande confiança no porvir.

Louisia agradeceu a comida e a bebida (o molusco era comida e bebida ao mesmo tempo) e seguiu rumo ao mar suspenso, e lá chegando percebeu que havia também uma faixa de areia, areia em constante movimento, uma areia convulsa e cheia de vento, mas sobre a qual era possível caminhar sem medo de sofrer uma queda, e ela caminhou pela areia até o pontal e foi lá que encontrou a oficina do engenheiro Spindoram, que era feita de um material que ela não saberia descrever por ser de uma tal imaterialidade que a forma e o aspecto fugiam ao entendimento a cada vez que ela tentava retê-los.

E o engenheiro Spindoram veio ver Louisia antes que ela batesse à porta, e disse:

— Se você vem do Leblon, veio na hora certa, pois à medida que subiu o Morro do Primo, e essa escalada durou um ano, foi-se dando o fenômeno, e esse mar que a senhora vê e essa areia revolta são os vapores

199

de tudo o que restou de bom, depurado pelo sistema de filtragem que vimos desenvolvendo nos últimos tempos, e é graças ao nosso esforço que o Leblon renasce aqui, para o deleite do povo aqui de cima, e seu próprio deleite, pois você acreditou, e veio, e viu.

A Obra

A obra no apartamento lá de cima começou há quatro anos e até agora não terminou. É mais que obra de igreja. É obra de estaleiro. Será que estão construindo um navio no apartamento de cima?

Olhem, já ouvi britadeira, carro de pamonha, "comprador de material velho", caçamba de lixo, festa de criança, guerra conjugal, kombi da Ceasa, helicóptero, sinal de garagem, alarme de carro.

Nada, porém, se compara ao barulho que A Obra faz, capaz de tremer cada parede, cada tábua, cada porta, cada porca, cada copo, cada lâmpada, cada corpo, até a água da privada revolve-se em tsunamis.

Mas o que será, afinal, que se constrói lá em cima? Será uma réplica dos jardins suspensos da Babilônia? A Jerusalém Celeste dos templários? A nova sede da Opus Dei (também designada A Obra)? O fóssil reconstituído de um pterodáctilo?

Enquanto aguardo o fim-da-obra-sem-fim, percorro o já exíguo espaço do apê (recentemente inundado pel'A Obra) desviando de livros, prateleiras desaparafusadas, discos, papéis, pastas, álbuns, cinzeiros, cinzas e pó, muito pó (que dele viemos e a ele voltaremos).

Por vezes, profano A Obra: dou gritos lá para cima, amaldiçoando todos. A resposta é imediata: as marretas redobram em força, a máquina dos infernos bate fundo no útero da laje, parece que tudo vai rachar, e A Obra vence, calo-me, baixo a cabeça, resignado.

Mas a vida tem ironias. Desde que a máquina infernal começou a operar, aposentei o despertador, pois a máquina dá o ar bem cedo, pontualmente, e ouço, do fundo do tempo:

— Levanta-te, ó grande vagabundo, ouve o canto redentor da marreta, larga logo a marra, vai à vida, vai à merda.

De um salto me levanto, corro até o armário, bermuda, camiseta, chinelo, rua, bicicleta, sol, ar, mar...

Voltei a ter uma rotina, eu, que venho passando madrugadas sobre um livro que, tal qual A Obra, insiste em não terminar, apesar dos anos que consome.

Acreditem ou não, A Obra acabou beneficiando a obra, pois, uma vez na rua, meto-me logo numa livraria com internet e desço o malho.

A aventura de fugir ao próprio lar e voltar de madrugada aos escombros excita o espírito, preparando-o para enfrentar, de verdade, os desafios imediatos, levantar a poeira, dar a volta, chegar ao porto.

De manhã é um novo mundo: pessoas dispostas em vez de boêmios e profetas; olhos atentos e despertos, no lugar de olhos revirados delirantes; seres amanhecidos no lugar de zumbis dormidos.

Muitas vezes são as mesmas pessoas que, diariamente, passam pelos mesmos lugares, com as mesmas expressões, nos mesmos horários, e tomam os mesmos sucos, gritam com seus cachorrinhos, apanham o cocozinho.

Não chegaria, contudo, a agradecer aos responsáveis pela Obra (quem serão?). Vai que o teto cai e o cronista se muda para o Caju?

Não que a ideia de pousar e jazer no Caju seja de todo desagradável (até a morte tem suas compensações).

Mas antes de bater as botas preciso terminar o livro, assistir à final da Copa e se depois ainda vierem árvore e filho, é lucro.

Nem todo trem vai para Auschwitz

Acabo de embarcar no trem que vai de Colônia (Alemanha) para a França. Sessenta anos atrás, quando meu pai já era nascido, muitos foram os trens que, no sentido inverso, levaram judeus franceses para os campos de extermínio.

Quando nasci, em 1965, a Segunda Guerra já havia terminado, mas cresci com a noção de que a Alemanha era um jardim do Mal, e os alemães, genocidas por natureza, que vieram ao mundo com a missão de exterminar o povo do qual eu fazia parte.

Missão quase cumprida: a população judaica mundial reduzira-se a um terço da que existia antes da guerra.

Aos 41 anos, três deles vividos na França, posso dizer que rodei bastante a Europa. Mas sempre evitei a Alemanha. Não era uma decisão racional: diferentemente de pai, tios e avós, eu fazia força para crer que o tempo havia restaurado o bom-senso.

Ademais, sempre resisti a acreditar que haja povos melhores ou mais justos que outros. Afinal, foi sob essa crença que se fundamentaram as abominações nazistas.

Apesar disso, a ideia de ir à Alemanha me horrorizava. Afinal, bastava ouvir alguém falar alemão, ainda que fosse um alemão mavioso e sutil, e eu me via diante dos furiosos discursos do Führer.

Interessado pelo cinema alemão, eu sofria o diabo para transpor uma fita de Fassbinder ou um clássico expressionista. Suava frio, tinha palpitações.

Como é, então, que eu ia me comportar em solo alemão? Como ia encarar um policial, ou mesmo o recepcionista de um hotel perguntando se eu era Herr Bloch?

Os anos passaram e achei que jamais iria, por livre e espontânea vontade, à Alemanha. Durante a Copa de 2006, contudo, algo ocorreu.

Assistia, pela televisão, à abertura do grande evento em companhia de meu pai, que, emocionado com a explosão de alegria da juventude alemã, disse, em um impulso, com os olhos úmidos:

— É um outro país.

Poucos meses depois, surgiu a oportunidade de passar alguns dias em Colônia. Aceitei sem sequer pensar a respeito. Era como se aquele deslumbramento paterno fosse uma senha, uma chave para a libertação.

Assim, dias atrás, tomei meu primeiro trem aqui em território alemão, de Colônia para Frankfurt. Foi estranho. Tive, por exemplo, um medo irracional de adormecer, perder o ponto e acordar horas depois em uma estação remota, diante de algum portão com a placa dizendo "O trabalho liberta", como em um daqueles episódios de *Além da imaginação*.

Mas acabei dormindo mesmo assim, e acordei em Frankfurt, cidade na qual restaram apenas 10% do patrimônio após o bombardeio dos aliados, e que hoje é uma das mais cosmopolitas e estrangeiras e democráticas da Alemanha, perdendo, neste quesito, apenas para Berlim.

Almocei um excelente filé com batatas coradas e tomei o reputado vinho de maçã, obrigatório para quem gosta de beber e vem a Frankfurt.

Após o passeio da tarde à casa de Goethe, escritor que tanto prezo, e a outros locais, mostraram-me um conjunto de prédios onde, durante a guerra e muitos anos após, funcionavam as sedes de indústrias químicas como a Basf, que colaboraram com o Reich na fabricação de gases letais. Hoje, funciona ali uma grande universidade. Como disse meu pai, "é um outro país".

Convidaram-me, então, para jantar no restaurante chamado Wagner, onde se come um porco ao forno daqueles rosados, irresistíveis. Há um ditado em iídiche, dedicado aos que não comem carne suína, mais ou menos assim: "Se você for comer porco, que seja para babar de prazer."

Eu, que não como porco, mais por tradição do que por convicção religiosa, babei diante da oferta: era o momento ideal para render-me à piada.

Mas, no final das contas, amarelei: comer porco rosado em uma taverna chamada Wagner seria demais, mesmo para um judeu em busca de paz. Recusei o convite, preferindo voltar mais cedo a Colônia.

Chegando faminto à estação da linda cidade sobre o Reno, contudo, lembrei de um outro ensinamento, de origem latina, aquele que diz que a virtude está no centro e, em rápida negociação com minha consciência, decidi parar na primeira banquinha de embutidos — altamente concorrida — e devorei, com prazer restaurador, um gigantesco Bratwurst (salsicha branca temperada com ervas e frita na própria gordura) com pão torrado e mostarda.

Na tarde seguinte, peguei um táxi, voltando do Museum Ludwig (fornido de uma belíssima coleção de Picasso), cujo motorista era um iraniano casado com uma alemã, vivendo há 30 anos no país, sobre o qual dissertou com tristeza e desgosto, manifestando o sonho de partir para a Espanha, a Itália ou o Brasil, onde "as pessoas têm sentimentos".

Quando ele perguntou minha origem, disse, sem hesitar, que vinha de uma família de judeus ucranianos. Ele sorriu com interesse, e nem pensei em perguntar o que ele pensa do atual presidente do Irã, cujo esporte preferido é negar o Holocausto. Ao sair do táxi, despedimo-nos como irmãos.

Agora, a bordo do trem rumo a Paris, sinto uma estranha paz. Sei que posso, ao menos esta tarde, dormir sem susto, mas quero ficar acordado, curtindo cada centímetro de trilho, guardando nos olhos cada porção de luz e de cor, até que o crepúsculo caia, com seu mistério e suas indagações de sempre: quem somos, para onde vamos?

Vida e morte de Uri Uzer

Eu sempre falei com Salete sobre Uri Uzer. Sobre o que ele representava para mim. O que me ensinou. Salete assentia movendo o pescoço nervoso. E fazia perguntas vagas sobre datas e locais. A presença de Uri nas rodas familiares — onde era mesmo?

— Na casa de praia, Salete. Já contei. Você não escuta, esquece, joga fora.

— Quantos anos você tinha?

— Quatorze.

Quatorze anos. Eu despertava, no fim da Idade de Chumbo. Então, eu tentava explicar a Salete a Idade de Chumbo. E Salete, com o ar mais despreocupado:

— E daí?

— E daí que Uri Uzer dizia que ao chumbo sucederá o fogo.

Salete Goldsbrith ouvia isso sem mudar a expressão, e dizia:

— Então, é isso que Uri Uzer significa para você? Pfff...

Pffff. Eu não me deixava abater. Contava a ela sobre a tela que Uri pintou: o boi na encruzilhada enrabando o padre, o rabino e o general. Enviou cópias litográficas para a classe política e as três patentes.

E Salete, balançando o pescoço.

— Que coisa mais desmedida.

Há dois anos venho tentando almoçar com Uri Uzer, mas ele faz sempre questão de adiar na véspera, por causa de alguma palestra, sobre a ética na arte, a estética na política, a cultura na empresa moderna.

Uzer ganha espaço na mídia. Na TV fez a cenografia para o programa do ursinho marrom que visita um museu imaginário.

— Mande-o à merda, ou melhor, não mande a lugar nenhum. Pare de ligar, dê-se o respeito! — aconselhava Salete.

Parei de ligar. Nem por isso ele retornou. E Salete:

— E daí? Você se deu o respeito. Afinal, que importância tem ele?

Começo de novo: as rodas familiares, a pintura, o boi enrabando o padre, o rabino e o general. E a galeria pessoal.

— Galeria?

Eu não tinha mencionado antes a galeria. Ou tinha? Tanto faz. Salete quer saber.

Sim, galeria pessoal. Uri Uzer tinha uma coleção que não mostrava a ninguém. Só aos iniciados. E eu mandava o repertório tradicional à merda, só queria saber da galeria de Uri Uzer, de seus quadros invisíveis, dos ácaros.

E Salete:

— Mas foi isso que ele fez por você? Ora, tenha paciência. Onde foi que você aprendeu a viver, afinal?

— Salete, vou dizer uma coisa: aquilo que eu já esqueci você ainda nem viu.

Passei muitos meses, ainda, tentando convencer Salete da importância de Uri Uzer. Certo dia, calei-me, e ela não reclamou.

Coincidiu, aliás, com o primeiro almoço com Uri Uzer depois de muito tempo. Foi o melhor almoço de todos. Ele deixara de ser o mestre. Deixara também de pintar. Eu deixara de ser o gafanhoto. Isto nos libertava um do outro.

Semana seguinte, madrugada, papai ligou.

— Uri Uzer morreu.

Perguntei o horário do enterro e desliguei. Uma profunda apatia me dominou. Passei as horas seguintes em silêncio, pensando em um nada substancioso. Não havia nó na garganta, aperto no peito, vertigem ou lágrimas precipitadas. Só aquele gigantesco nada.

O cansaço tomou conta da ausência. Adormeci profundamente. Salete não acordara com o telefonema. As últimas horas de sono foram de paz absoluta.

Às 7:00, despertei com os gritos e o pranto convulsivo de Salete, invadindo o quarto com o jornal aberto na página de obituário, tomada por homenagens a Uri Uzer.

Levantei-me e fui à cozinha fazer café. Senti vontade de comer omelete. Três ovos, queijo, cebola, aneto. Poucas vezes comi com tanto apetite.

Salete não tomou café. Atirada sobre a cama, derramava-se em um pranto absurdo.

A casa na Usina (Felipe)

Nunca soube direito o que era a Usina. Quando via "Usina" no letreiro do ônibus achava que o veículo estava indo para a oficina (assim como "Muda", para mim, significava que o itinerário ia mudar). Coisas de criança pegando ônibus circular em Copacabana, quando pegar o circular ainda era (não faz tanto tempo) uma emoção feliz.

A casa da nossa amiga e do nosso amigo ficava no fundo de uma rua torta, sem saída. Todo mundo que se via no laguinho da faculdade na Praia Vermelha se via também ali, na Usina, do outro lado da cidade.

Um dia, a casa cheia de gente, com Tim Maia Beatles Jazz Mutantes New Wave no vinil, vi Felipe sentado no piso de taco na posição da criança que brinca na areia com baldinho e pá. Sentei-me diante dele, na mesma posição, e começamos a brincar, um jogo que eu nem sequer sabia jogar.

Eu, que nunca tive jeito com criança, de repente me via no chão, cheio de cerveja na cabeça, mexendo nuns cubos, balbuciando sílabas tontas, e o menino me olhava com ar sério, como se a criança fosse eu — o pós-aborrecente-hippie nos pré-1990, sentado diante dele.

Uma colega passou e resolveu me censurar:

— O que é isso, Arnaldo?

Perdi a pose, mas resolvi enfrentá-la:

— Pois é, virei neném. Deixa de ser opressora.

Lembrei disso segunda-feira passada, quando todo mundo que um dia fora à casa na Usina se reuniu, em Botafogo, para dar adeus ao menino, que não era mais menino, tinha já 15 anos quando nos deixou, na véspera.

Para mim, que não acompanhara seu crescimento, ele ainda era a criança no piso de taco: eu não o ouvira pronunciar as primeiras palavras, palavra alguma, só os gestos, os olhinhos sérios, sequer a fisionomia eu guardara, sequer uma foto dele maior, só o sentimento.

Um amigo, que o vira espichar, me dizia, no cortejo do adeus, que o menino era o futuro, "o primeiro homem a pisar em Marte". Era a nossa ponta de lança. É que, naquela época em que frequentávamos a Usina, ninguém tinha filho. Nosso amigo e nossa amiga foram os pioneiros, e o menino, agora, se aproximava da nossa idade de então. Em breve ele entenderia tudo, mesmo que de outra maneira, ou até mais claramente que nós.

E estávamos todos lá, inebriados pela dor da nossa amiga e do nosso amigo, cambaleando junto com eles. Estava todo mundo, todo mundo mesmo. Gente que não se via há muito se abraçou para depois, então, abraçá-los, aos dois, colhidos pelo pior alvoroço que pode haver.

Sei que é o pior, mesmo não tendo merecido ainda um menino ou uma menina só para mim, mesmo sendo um desajeitado com crianças, com adultos, comigo mesmo. Eu sei, a gente sabe, fomos aninhados pelos nossos, sabemos o que podia significar para eles o nosso adeus.

O cortejo invadiu lentamente as vielas, e eu via a minha geração ainda mais entristecida, bem mais do que já é, pelos tempos sombrios que vivemos (se é que há um tempo mais sombrio que outro). Então, um chapa me disse, depois de um abraço:

— Arnaldo, a nossa juventude acabou.

Fiquei quieto, matutando, à medida que o cortejo avançava. A juventude acabou? Para mim já tinha acabado fazia tempo, mal começara e já se estivera esvaindo todos esses anos, correndo pela ampulheta das mãos.

E lembrei-me de um outro adeus, naquele mesmo cemitério, há 20 anos, antes mesmo de Felipe nascer.

Estivemos todos ali também, nos despedindo de Ricardo Pretinho (que era alto e meio ruivo). O cara cismara de nos deixar — por vontade própria —, de repente, no meio do desbunde universitário.

Naquela tarde, que agora parecia remota, o céu de Botafogo estava de um violeta assombroso, feio, e eu já pensava que a juventude, antes mesmo de acabar, era uma ilusão.

Nos meses que se seguiram à morte de Pretinho eu olhava para o céu do Rio, para os morros, e eles derretiam, refratados pelo vapor do verão, e naquela luz eu só via o violeta do céu do enterro; mesmo à noite vinha o violeta, das lâmpadas das favelas. Cheguei a achar que eu mesmo queria morrer.

Depois passou. Voltei a acreditar na juventude, a viver seus esplendores. Só que jamais foi a mesma coisa: agora era uma juventude demissionária, com aviso prévio. E, pelo menos, na última segunda-feira, quando nos despedimos de Felipe, o céu de Botafogo tinha uma coloração bem mais suave, o fim de tarde vinha com nuvens harmoniosas tingidas de um rosa de aquarela. Não pude deixar de notar, apesar da dor e de uma culpa surda, que o céu estava belo, a temperatura amena, e que um silêncio sereno coroava a tragédia.

E o céu, lindo, expulsou de minha memória o que restava daquele tom violeta. Dei razão a meu chapa: eu, e todos que estavam ali dando adeus ao menino, que já não era menino, e que estiveram na Usina quando o garoto brincava no piso de taco, davam também o último adeus à juventude que baixava com o crepúsculo.

Torpedos

Eu,
onipotente,
jamais acreditei
na possibilidade
de me deixares.
Agora acordo e
digo:
"Não
posso
perder-te."

*

Olho o mar
esmeralda
de Copacabana
e só vejo
teus olhos
(os meus
nublados
como o céu
esta tarde)

*

Naquela caixinha
que te dei
não estão
dois anéis
Estamos nós
dois
à espera
de nascer

*

Não é
por mim nem
para mim nem
por você nem
para você. É
pelo amor para
o amor.

*

Os únicos olhos
que vi,
a única alma
que li,
o coração que
único
ouvi,
o sorriso
único
do sonho,

têm
um nome
único:
o teu.

*

Esse instante
em que,
para poupar-te voz
e ouvido,
falo-te-aos-torpedos
fogem-me
os medos
do vexame
digital

*

No Aterro,
táxi rumo
cinema
você
no espelho
da enseada
colore
de poema
o poente
cinza
de sol

*

Só queria isso:
uma palavra
sua.
Agora posso
dormir de novo
em paz.

Este livro foi composto na tipologia Palatino,
em corpo 11/15,5, e impresso em papel
off-set 90g/m² no Sistema Cameron da
Divisão Gráfica da Distribuidora Record.

Seja um Leitor Preferencial Record
e receba informações sobre nossos lançamentos.
Escreva para
RP Record
Caixa Postal 23.052
Rio de Janeiro, RJ – CEP 20922-970
dando seu nome e endereço
e tenha acesso a nossas ofertas especiais.

Válido somente no Brasil.

Ou visite a nossa home page:
http://www.record.com.br